ごく普通の公立小学校が、

校内研究の常識を変えてみた

協力：埼玉県蕨市立北小学校

佑［著］

明治図書

- 蕨市立北小学校　３年間の軌跡 -

・グループ研究という手法を理解してもらうための準備期間。
・自分の興味の幅を広げてもらう時間を確保する意図で、２学期からグループ研究をスタート。
・グループ間の PDCA サイクルを回すために、２週に１度グループ研究を確保。

２年目

ステップアップ期 2

・研究発表会に向けた研究推進委員会を、序盤から多めに設定。
・中間発表会を早めに設定し、発表会に向けたビジョンが描けるようにした。
・職員の異動が多かったため、「北カフェ」「PA 研修」といった関係性をつくる研修を多く設定。

「どんな研究なら幸せか？」

1年目

1 スタートアップ期

・前年度の反省を受けて、グループ研究を3週に1度へ変更。
・グループ研の日に研修を実施するかどうかはグループの判断に委ね、より主体性を担保。
・中間発表会を行うことで、中期的な目標を設定。
・グループの交流場面を増やす。

3年目

3 ブラッシュアップ期

◀年間計画詳細版はこちらから

はじめに

「今日の研究協議めっちゃ面白かった！」「もっと話したかったよね！」「いや、研究協議が楽しいって言えるってすごいことじゃない？」

研究2年目、私が所属していた「シェアスタ（学び合い）グループ」の授業検討会後の会話です。先生方が研究を楽しんでいる姿。学びを楽しんでいる姿。そうあるべきなのに、今までなかなか見ることができなかった景色でした。「教員の学び」も「子どもの学び」と同じように、もっと主体的で、「やってみたい！」と思えるものにしていきたい。そんな気持ちで始めた研究が、やっと実を結んだ瞬間でした。

さて、突然ですが皆さんに質問です。「校内研究」と聞いた時、どんなことをイメージしますか？　あの、研究主題とか、目指す児童像とか、仮説とか手立てとか…。みんなで指導案の検討をしたり研究授業をしたりするアレです…。

「学校で一つの方向に向かっていく大切なもの」

「みんなで指導案を考えたり研究協議をしたり、教員としてのスキルアップのために重要」

など、ポジティブな意見が聞かれる反面、

「指導案づくりが負担」

「自分の学びたいものとは違う」

「研究発表が終わったらそれまでやってきたことも消えていきがち」

「コスパ、タイパが悪い」

といったネガティブな意見が聞かれることも事実です。


本書では、職員が「どんな研究なら幸せか」という問いにみんなで向き合った結果、普通の公立小学校ながら従来の研究から脱却し、そこそこぶっ飛んだ研究&研究発表となった経緯、大切にしてきたマインド、そして実践してきた様々な具体をお伝えします。

…と、こうして書いてみると綺麗なサクセスストーリーが待っているように期待させてしまいますが、正直、そんなことありません（笑）。うまくいかないことだらけで、校内研究のことを考える時はだいたい頭を抱えていました。先生方にもたくさん迷惑をかけながら進めてきました。

しかし、そんな校内研究を通して確実に変わったことが2つあります。1つは、研究・研修に対するトライアンドエラーを繰り返す中で、校内研に臨む先生方の笑顔が増えていったということ。もう一つは、「職員室の先生方をつなぐもの」として、校内研の新しい可能性を見ることができたということです。このことについては、現在の学校現場の研修・研究の在り方として高い価値があるものと信じて疑いません。

本校の研究がよいものか悪いものか、正しいものか間違ったものかという二元論ではなく、校内研究に興味がある先生や、校内研究に悩んでいる先生のヒントになればと思っています。また、校内研究だけではなく、校内研修全般の実践についても多く取り扱っています（詳しい切り分け方は次のページで）。職員室の先生方向けに研修を開くことになった方や、職員室でちょっとした自主研修を開きたい方にもおすすめできます。

先生方の学びの場が、この本をきっかけにほんの少しでも、よりよいものになったとしたら、これ以上の幸せはありません。

2024年5月

葛原　順也

校内研 …「研究」と「研修」のどちらも含む

研究

研究主題や目指す児童像を設定し、その実現に向けて仮説や手立てに基づき研究授業を中心に検証していくもの。

研修

教員の資質向上を目的とした、単発のテーマで行われるもの。（例）ICT研修、働き方改革研修、自主研修など。

本書における
「研究」「研修」「校内研」
の棲み分け

本書における
執筆の棲み分け

序章・第１章

令和３年度 研究主任
研究の立ち上げ

第２～４章

令和３～５年度 研究副主任
研究の立ち上げ

第４章４項

令和４～５年度
研究主任

CONTENTS

第1章 校内研の改革に必要な「巻き込み」力

第2章　新しい「グループ研究」のススメ

CONTENTS

第3章

職員同士が仲良くなる校内研修へ

CONTENTS

序章

校内研の常識を覆す6つの視点

01

従来 「やらねばならぬ…」の校内研

これから 「やってみたい！」の校内研へ

「研究」はどっちの仕事？

何に使われるのかわからない調査の回答作成、会計報告作成、集金・支払い業務、備品・文書管理…。あぁ…、思い浮かべるだけで頭が痛くなってきます。私が苦手な仕事をリストアップしてみました。これらの仕事はモチベーションが上がらない仕事、いわゆる「サゲ仕事」です。

逆に、学年レクを考えたり、本で読んだ実践を取り入れてみたり、学期ごとの見通しを立てたり、子どもと休み時間に遊んだり…、考えるだけで楽しい気持ちになってきました！　これらは私が好きな仕事、いわゆる「アゲ仕事」です。

序章

校内研の常識を覆す６つの視点

大前提として、仕事には「アゲ仕事」と「サゲ仕事」があります。

「いやいや、教師として給料をもらっているわけだから、モチベーションが上がらないなんて言うべきじゃないでしょう！」と思われる方もいるかもしれません。言わんとしていることはわかりますが、その大事に抱えている「べき」はちょっと置いておきましょう。

「教員なんだから」「研究なんだから」という「あるべき論」に終始してしまうと、議論が前に進まなくなってしまいます。私たちだって子どもと一緒で得意不得意があるし、好き嫌いだってあります。この本音を語れずに、校内研を変えることはかなり難しいと考えています。

さて、本題に戻って、
・「研究やりたい！」という気持ちを100
・「全然やりたくないです…。むしろなくなってほしい…」という気持ちを0
として、研究に対する皆さんの気持ちはどのくらいですか？　70以上に手が挙がる人は少ないのではないでしょうか。もちろん、各校の研究主任を担当されている先生や、研究授業者に手を挙げた先生は高いモチベーションで取り組んでいると思うので、そういった先生を否定する意図はありません。私自身、研究授業者として研究発表会で授業を行い「やってよかった〜！」と思えた経験がありますから、高いモチベーションで研究に取り組むとそれに応じたフィードバックが得られることは実感しています。しかし、キャリアを積んでから改めて職員室を見回すと、それだけモチベーションを高く保って研究に向かっている人はかなり少ないことに気づきました。

蕨市立北小学校（以下、北小学校）では、「どんな研究なら幸せ？」や「どんな研究発表にしたい？」などのテーマで何度か本音で対話する時間を設けました。そこでは「先生たちが辛くならない」「失敗できる」「持続可能な研究」「楽しい」「笑顔」などのキーワードが挙げられました。決して今までの研究がすべて「辛く、失敗できない、持続不可能な」研究だったわけではないと思います。しかし、先生方のほとんどが、今までの研究の在り方に対する疑問や課題意識をもっていたことは確かです。

「やらねばならぬ」から「やってみたい！」へ

そう考えると、先生方の心の中にはどうしても、研究は「しんどいけど、やらねばならぬもの」という気持ちがあったように思います。自分から「やりたい」仕事ではなく、

「上から降ってくるもの」というイメージが強い仕事になっていることが多いようです。
例えば、従来の部会などでは、「今日何するんだっけ？」から始まる会議が多く見られました。この言葉は、先生方のモチベーションを端的に表していると思っています。研究を自分ごとではなく他人事として捉えており、研究が日常に溶け込んでいないのではないでしょうか。

私が思い描いた理想は「やらねばならぬ」から「やってみたい！」への転換でした。研究はどの学校でも行われていることです。どうせやるなら、もっとモチベーションを高く取り組むことはできないか。部会で集まった時に目を輝かせて「今日はこんな感じのことしましょうよ！」「こんな風に考えてみたんだけどどう思う？」のような会話から始められる研究にしていきたいと考えました。

研究を変える１つ目の視点は「やらねばならぬ」の研究から、先生方が「やってみたい」と思える研究にしよう、ということです。先生方の校内研へのモチベーションを見直し、せっかくやるなら「やってみたい！」と思える校内研にしていくことはできないものでしょうか。

02

従来　こういうもんだ（手段の目的化）

これから　なんでやるんだろう（目的の問い直し）

「こういうもんだ」「やるもんだ」という手段の目的化

「手段の目的化」という言葉を皆さんはご存じでしょうか。本来の目的を見失い、目的達成のための手段が目的に置き換わっている状態を指します。これだけだとちょっとイメージしにくいので、日本の学校教育史上最大の手段の目的化とも言える、座高測定を例に挙げたいと思います。諸説ありますが、健康診断で座高測定が行われるようになったのは昭和12年（1937）からだとされており、目的は、ざっくり解釈すると「健康状態を知るため」でした。しかし、平成28年に廃止になっています。廃止になった理由はズバリ、「意味がないから」でした。座高と健康状態の因果関係が解明されなかったのです。しかし、「健康管理のため」という名目で続けられる中で慣習となり、「座高は測るものだから」という手段の目的化に陥り、ずいぶん長い間、学校現場では意味のないことをし続けてきたことになります。なんて不名誉な座高測定…。

手段の目的化に陥りがちな学校現場

しかし、学校教育の現場には、私たち教員が「こういうもんだ」と思い込み、「そもそも何のためにやっているのか」という目的が置き去りになった活動が溢れています。

「宿題で音読をする目的は？」「掃除を箒と雑巾でする目的は？」「授業開始の挨拶で起立をする目的は？」「毎日一人ひとり呼名して健康観察をする目的は？」…

音読の宿題はそれ自体が目的ではなく、家庭学習で身につけさせたい力を習得させるための手段の一つです。箒と雑巾を使うことはそれ自体が目的ではなく、教室をきれいにするための手段の一つです。授業開始の挨拶も、呼名して健康観察することも、それ自体が目的ではなく、手段の一つであり、目的がはっきりすればそれ以外の手段が無数にあってよいはずです。しかし、私たち教員の大多数は、均一化された日本の学校教育の中で同じような経験をして育ってきているため、「授業の始めは起立するもんだ」「掃除は箒と雑巾でするもんだ」というような、目的を見失った指導をつい再生産しやすいサイクルの中にいると感じます。私自身、生徒指導主任を務めていた時は、学校で挨拶の仕方を統一してきましたが、本当に統一するべきは「何のために授業の挨拶をするのか」という目的意識だったなと今になって反省しています。

研究の目的を問い直す

さて、学校現場における「校内研究」の目的に目を向けてみましょう。

校内研究の目的ってなんでしょうか。私たちは何のために校内研究をしているのでしょうか。私たちは校内研究を通してどのような姿を目指しているのでしょうか。仮に、「目の前の子どもたちを成長させるために、学校全体で研究に取り組み、先生方も笑顔になること」が目的だとします。だとしたら、研究組織は「授業研究部」「環境部」「調査部」のような、よくある三部会以外の在り方もあっていいはずです。研究の軸が「研究授業」以外であってもいいはずです。

研究発表の目的はなんでしょうか。「それまでに得た知見を見に来てくれた先生方に示すこと」だとしたら、研究授業を見せることも、指導者を呼ぶことも、目的を達成するための手段の一つです。それ自体が目的ではないのですから、もっとほかの発表の仕方があっていいはずです。むしろ、たった一時間の切り取った授業だけではなく、どのような指導が積み重なって今の子どもたちがあるのか、その経過を詳しく知りたい先生方だってたくさんいるはずです。北小学校では、常に研究自体の目的を問い直すことで、新しい手段、新しい道を探してきました。

２つ目の視点は、「研究ってこういうもんだ」から「研究ってなんでやるんだろう」という目的を問い直すことです。北小学校では、このイメージを山登りに例えてきました。山頂を目指す時、そこへのルートは一つとは限りません。今まで通った人たちのおかげで歩きやすくなっている道はすでにあるでしょうが、それだけが正しいとは限らないのです。このように、これまで正しいとしてきたことを見つめ直すことで、新しい研究の在り方を考えてみましょう。

03

従来　研修と研究が乖離

これから　研修と研究が連動

そもそも研修と研究ってどう違うの？

「研修」と「研究」。なんとなくどちらも勉強してるっぽいイメージの言葉ですが、これらの棲み分けを明確にすることで、より広い視野で校内研のマネジメントができます。本書では、「研究」「研修」さらには「校内研」と、何度も登場してくるため、ややこしいこれらの言葉を整理したいと思います。

まず、本書では「研究」という言葉は「校内研究」を指します。校内研究とは、「研究主題、目指す児童生徒像、仮説…を設定し、指導案を学年やブロックで検討してから研究授業を行い、研究協議をするアレ」です。

また、「研修」という言葉は「校内研修」を指します。研修というと、初任者研修などの法定研修をはじめ、自治体主催の様々な研修があるかと思いますが、校内研修とは、**「放課後や長期休みに自校の先生たちが一か所に集まって、誰か先生が前に立って講義・演習をするアレ」**です。北小では、年間を通してICT研修、働き方研修、学級開き研修、学級経営研修、特別支援教育研修などを実施しています。

本書での「校内研」という言葉は、このどちらも包括する場合に使用しています。

私のイメージでは、「研究」のベクトルは子どもへ。「研修」のベクトルは先生へ向いています。「研究」では、子どもたちがどうなってほしいか、どのような力を身につけてほしいか、ゴールを設定・共有し、そこへ向かって先生方が継続的に試行錯誤していくのに対して、「研修」は、先生方にどのようなスキルを身につけてほしいか、1コマごとにテーマが存在し、単発的です。

● 研究と研修を連動させる2つのポイント

研究と研修はそれぞれ切り分けられて別のものとして考えられていましたが、私が研修主任として本研究を立ち上げた時には、以下２つのポイントで研究と研修が連動させられないかと考えました。

①研究を進める余白を生み出すための「研修」

私が今まで経験してきた課題の１つとして「忙しさに追われて研究に心が向かない」というものがありました。先生方の余白がなさすぎる問題です。

校内研究というのは、自分のクラスの直近の仕事に比べると優先度が低い仕事ですから、余白のない先生からすると負担に感じられることも多いでしょう。

子育てや介護で学校にいられる時間が限られている先生。

校務分掌が重く、毎日遅くまで残っている先生。

学級経営や生徒指導がうまくいかず、目の前の１日を頑張ることに精一杯の先生。

こうした先生方は、「学校に来ているだけで百点」状態になっていることも多く、「研究授業の指導案が…」「この手立てと仮説の文言は…」といった話し合いに前向きに臨めるかと言ったらかなり厳しいのではないかと思います。

そこで、今まで慣例的に行ってきた研修を見直して、先生方の学級経営や業務改善に活かせる内容のものに変えたり、自主研修や研修だよりを充実させたりしました。

「学校に来ているだけで百点」状態の先生が減り、一人でも多く研究に前向きに取り組めるように、研修のマネジメントを心がけました。

②研究テーマに沿った研修

本校の研究のキーワードは「主体的（性）」です。子どもの主体性を伸ばすことを目的としているので、教員にも主体的に取り組むよさを実感してもらいたいと考えています。そこで、今まで一方向的で受動的になりがちだった研修の在り方を問い直しました。私たちが主体的、対話的で深い学びが生まれる授業を目指しているのと同じように、研修も主体的、対話的で深い学びになるように、誰かが前に出て話すのではなく、先生方の課題意識に沿ったテーマで、お互いが対話できるような研修のスタイルを目指しました。

研究を変える３つ目の視点は、研修と研究を連動させることです。今までなんとなく慣例的にやってきた研修と研究の時間を、お互いが連動するように意識すると相乗効果が得られると感じます。改めて研究と研修の役割を見直すことで、校内研を広い視野で捉え、研修をマネジメントできるようになるはずです。

04

従来 研修がインプット主体

これから 研修がアウトプット主体

白目で耐えたあの頃

校内研に限らず、「研修」と名のつくものは、どうしても一方向、一律一斉型になりがちです。教室や会場の前方に誰かが立ち、先生方は同じ空間、同じ場所で全員同じ方向を向いて同じ話を聞く…。こんなインプット主体の研修が皆さんの周りにもまだたくさん存在しているのではないでしょうか。

私が初任者だった頃のエピソードを紹介します。毎日夜遅くまで残り、疲労困憊で日々を何とか生き延びていた私にとって、基本的にこのような研修は意識を失わないように全力で耐える場となっていました。初任研の時に、隣の先生に「白目むいてたよ」と笑われることもしばしば…。この「白目をむいても耐える時間」本当にしんどいんです（笑）「研修なんだから寝てはいけない！」という思いとは裏腹に、内容が頭に入っていかず薄れゆく意識…。寝てしまいたい…、でも寝てはいけない…、あぁ…（白目）。ある日勤務校の管理職に連絡が入りました。「葛原が研修で寝ているのでご指導お願いします」

教員の研修はどうあるべき？

この後、管理職からきっちり指導を受けたのは言うまでもなくありません。我ながら完全な黒歴史ですが、ダークサイドに落ちかけていた葛原が抱いた疑問が１つあります。

「子どもが眠くなる授業をしたら教員の指導を見直すべき。これはわかる。むしろ当然。でも、研修で教員が眠くなっていたら眠くなっている教員が責められる。なんで？」

私たちが目指す授業と同じように、聞いてばっかりじゃなくて、熱中して学べるような…、そんな研修にならないかなと、指導を受けてからぼんやりと思ったのを覚えています。

もちろん、この頃は毎日を生きるのに精一杯だったため、他責思考に陥っていた部分もあります。もっと自分自身の研修に対する姿勢や考え方を変化させれば、たくさんの学びを得ることもできたのだろうと、今となっては思います。

しかし、子どもたちに「主体的、対話的で深い学び」「個別最適な学び」「協働的な学び」を求めているのに、いまだに教員の研修は「受動的、一方向的な学び」「一律一斉の学び」「孤立的な学び」、つまりインプットばかりの学びになっているのだとしたら、その状況には違和感を覚えるべきだと思っています。

研修を充実させる鍵は「アウトプットすること」

さて、前置きが長くなってしまいましたが、いざ自分が研修をマネジメントする立場となって心がけたことは、「教室で求められている学びを職員室にも落とし込んでみよう」ということです。

- □受動的な校内研から主体的な校内研へ
- □一方向（インプット主体）の校内研から双方向（アウトプット主体）の校内研へ
- □一律一斉型の校内研から個別最適な校内研へ

□孤立的な校内研から協働的な校内研へ

実際には、これらの視点をもってマネジメントした研修がうまくいったこともあれば、迷走しまくっていろいろな先生にご迷惑をおかけしたこともありました。しかし、トライアンドエラーを繰り返して実感するのは、一方向ではなく双方向でアウトプットする時間をつくること、対話しやすい場づくりをすることで、**研修での先生方の笑顔が圧倒的に増えたということ**です。「アウトプットすること」は、研修をよりよい時間にするために、非常に重要なファクターだったのだと思います。また、双方向型の研修づくりを心がけることで、先生方がお互いのことに興味をもったり、よさを知ったりと、それぞれの強みを引き出せる校内研になっていきました。

４つ目の視点は、インプット主体からアウトプット主体の研修づくりを心がけようということです。ちなみに、人が学習したことを効率的に脳に刻み込めるインプット：アウトプットの黄金比は３：７だそうです。校内研においてアウトプットの比率を高めることは、学びを先生方のものにするためにも、とても有効だと言えそうです。

05

従来　モチベーションギャップ

これから　モチベーションベース

絶対に埋まらないモチベーションギャップ

研究にはどうしても先生方のモチベーションに差が生じてしまいます。どんなに研究主任が努力をしたとしても、絶対にこの差を0にすることはできません。先生方はそれぞれ学びたいことが違いますし、得手不得手も存在しますし、ストレスに感じる事柄やものの感じ方だって違います。

学級の子どもたちを思い浮かべた時に、運動会や体育祭、音楽会で、クラス全員が100%のモチベーションで挑むのは不可能だということと同様です。むしろ学級経営においては、そこにギャップがある方が自然で、モチベーションが低い人がどうやったらもっと楽しんで取り組めるか、どうやったら「これなら頑張れる！」と思えるかを考えて、みんなで協働することが大切ではないでしょうか。

これは研究においても同じことが言えると思います。「教員なんだから、子どものためなんだから、研究にも全力で取り組むべき」「年に1回の行事なんだから、みんなが全力で取り組むべき」のような「あるべき論」で語ってしまうと先に進めなくなるので、本書を読んでいる間は封印しておきましょう。子どもの例と同じで、研究にモチベーションが上がらない人が、どうやったらもっと前向きに取り組んでいけるかを、研究をマネジメントする側が考え、対話することで、よりよい研究になっていくのだと思います。

先生方のモチベーションを土台にした研究へ

研究に対するモチベーションの差がどこから生じるものなのかを考えた時には、様々な要因が挙げられます。

・子育てが忙しくて…
・両親の介護があって…

・どうしてもこの教科には苦手意識があって…
・そもそも学級経営が全くうまくいっていません…

「苦手意識があるんだったら余計勉強した方がいいじゃん！」「時間がないなんて、そんなの誰だってそうでしょ！」といった考えは、封印です。このモチベーションギャップを正論で切り伏せることは全くもって無意味です。

研修を充実させることで先生方の余白をつくり出し、研究に対してのモチベーションを上げられるのではないかと考えたことは先述しました。学級経営がうまくいっていない先生のために学級経営研修を開いたり、時間がない先生のために働き方改革研修を開いたり、どちらのテーマについても研修だよりを発行したり…。

さて、そのほかに何ができるだろう…、と考えた時に、そもそも先生方が学びたいものを学べる研究にしたらどうかと思い立ちました。**先生方全員が共通して「知りたい、やりたい、伝えたい！」と思える研究テーマを設定することはほぼ不可能**です。だったらいっそ、学びたいことが近い人同士でグループを組んで研究を進めた方が、モチベーションのギャップを埋められるのでは？　とひらめいたのです。

しかし、この発想にはいくつもの壁が存在しました。

- ・これって個人研究と何が違うの問題→２章２項
- ・年度が変わった時グループどうなるの問題→２章３項
- ・グループごとにバラバラになっちゃう問題→２章６項
- ・研究発表どうするんだ問題→４章

これらの壁はぶち当たるたびに頭を抱えました。こういった形で研究を進めている学校は多くありません。手探りで進めることに対して「見通しがもてない」「研究発表が不安」という意見もたくさんありました。それでも続けられたのは、やはり**先生方が自分で学びたいものを選択するという、モチベーションをベースにした研究**だったということが大きかったのではないかなと思います。

研究を変える５つ目の視点は、モチベーションギャップからモチベーションベースへの転換です。先生たちのモチベーションをいかに生かしていくかを考えることで、「何を学ぶか」から「どう学ぶか」へ見方を変えていきましょう。

06

従来　子どものために身を削る

これから　教師のHAPPYが児童のSMILEに

「子どものために身を削る」という価値観から脱却する

「すべては子どもたちのために」

この言葉は学校教育現場において強力なパワーをもっています。もちろん、私たち教員は子どもを育てることが仕事ですから、すべての仕事は子どもの成長につながらなければなりません。これは教員として絶対譲ってはいけない価値観です。しかし、「すべては子どもたちのために」が、時に「子どもたちのためなのだから、手を抜くことは許されない」とか、「子どもたちのためになることはすべてやらなければならない」という価値観にすり替えられてしまうことには気をつけなければなりません。

「教員は子どもたちのためなら身を削れ」。少し言いすぎかもしれませんが、私自身は、このような価値観が教育現場には根強くあり、これが教員の過重労働を招いているのではないか。あるいは、教員としての使命感の強さが、時として自分たちの首を絞めているのではないかと感じることがあります。

例えば、今はそうではない学校が多いかと思いますが、私が教員になりたての頃は、「特定の教科のワークシートや教室の掲示物にはすべてコメントを入れなさい」といった指導が管理職からありました。コメントを入れること自体は、教師が子どもの頑張りを認める尊い営みだと思います。しかし、毎日遅くまで残って全員のワークシートや掲示物にコメントを入れて、ヘトヘトになって子どもたちと会うのであれば、これは決して正しい在り方ではないと思います。

ちょっと暗いトーンになってしまいました。言いたいのは、「子どもたちのために」なんて考え方はやめましょうということではありません。「子どもたちのために身を削る」は、**ちょっとした工夫で「子どもも先生もHAPPYに」なり得る**んじゃないかなということです。「子どものためだから、苦しくても頑張ろう！」よりも「子どもも先生もHAPPYになる方法を考えよう！」の方が、きっと新しくてよりよいアイデアが生まれるはずです。

そんな思いも込めて、北小学校の研究モットーは「教師のHAPPYが児童のSMILEに」となっています。

教師のHAPPYとは？

さて、ここで「教師のHAPPY」についてもう少し考えたいと思います。この研究モットーを設定した時に、一人の先生から「教師のHAPPYってどういうこと？ 幸せに思うことってみんな違うんじゃないの？」というスーパーごもっともな問いを投げかけられました。この時の私は「みんながやりたいことを選べる研究になったら今の研究よりは幸せじゃない？」くらいに思っていましたが、そもそも先生たちが何をもって「幸せ」とするかは、先生方一人ひとりに聞いてみないとわかりません。

北小学校は、研究についての対話の場を何度か設けることで、このぼんやりした「幸せ」の解像度を上げてきました。みんなで一つの具体像（北小が考える「教師の幸せ」とはこういうことだ、みたいなやつ）をつくる必要はありません。「持続可能」とか、「しんどくない」とか「見せるための研究授業はしない」とか…、先生方が考えていることをみんなで共有して、一人ひとりの「幸せ」を認めながら進めるのが大切なのかなと思います。
６つ目の視点は、**「子どものためならしんどくても頑張ろう」**から**「子どもも大人も幸せになれる方法を考えよう」**という価値観へ転換してみよう、ということです。校内研を通じて「教師のHAPPYが児童のSMILEに」なっていくことを目指しましょう。

追記ですが、2024年2月9日、北小学校の研究発表当日のこと。「バイアスボード」今までの「シェアハピ」「アロマコーナー」「ウェルカムボード」「お茶やお菓子」「各グループの成果物」…（「ちょっと待て…「持続可能」とか言っておきながら、これめっちゃ大変だったんじゃないの…？」）、来校された皆さんが思ったはずです。実際に何名かに聞くと「いや、全く大変じゃなかったです」「めっちゃ楽しかったよね。準備」、打ち上げ後には「あぁ、もう終わっちゃうんだ…って思ってます」なんて声も。ここで一つの答えを出そうとは思っていませんが、**幸せな校内研とは「納得感がある研究」なのかもしれません。**目的に納得していれば、先生方は自然と「しんどい」を乗り越えて「幸せ」な校内研にたどり着くのではないか。北小の研究発表を見て、そんなことを学ばせてもらいました。研究発表当日の様子は、第４章で詳しくお話しします。

第1章

校内研の改革に必要な「巻き込み」力

01

ボトムサージを起こす

学校は一人の力じゃ変えられない

初っ端からネガティブな書き出しになってしまいましたが、このことを念頭に置くことがスタートだと考えています。悟りましょう。学校という組織は、一人の力では変えられません。

ごくまれに、例外的に、その人の情熱やカリスマ性でガラッと学校の雰囲気を変えるような先生がいます。しかし、そのような先生は一握りです。私も、研究を変えたいという思いはありましたが、例に漏れずカリスマ性はもち合わせていなかったため、誰か頼れる人を探すところから始めました。

これは、校内研だけに限らず、組織の中で何か大きなルール、体制を変える時に必要なマインドです。変える物事の規模が大きければ大きいほど、一人で物事を進めるのは様々なリスクを伴います。リスクを背負って一人で変えようと努力した結果、周りとのすれ違いが生じたり、そんな周りに苛立ったりしてしまうのは、あまりにもったいないですよね。

目指すのは「ボトムサージ」

さて、最近「トップダウン」でも「ボトムアップ」でもなく「ボトムサージ」という言葉を耳にするようになりました。上から下、下から上、というような一方通行の意思伝達ではなく、下から周りを巻き込んで全体を変えていく（うねりをつくる）イメージです。校内研の改革は、このボトムサージのイメージがぴったりだと感じています。主任がトップに立って意思を伝えるのではなく、下から管理職に意見を突き上げるのでもなく、周りの先生方との対話を通して職員室を巻き込んでいく。うねりの中心にいるのはもちろん主任の先生だと思いますが、主任一人が頑張るのではなく、先生方が思わず動きたくなる大きなうねりをつくっていきたいものです。

パーティーを組もう

うねりをつくっていくために、私が最初にやったことは仲間づくりでした。某有名RPGゲーム風に言うと「パーティーを組む」ということです。ゲームでは、魔王を倒すという同じ志をもつ多様な仲間がパーティーを組みます。この同じ志、多様な仲間というのが重要で、「いや別に魔王には興味ないけど仲良いから手伝うよ」という人ではどこかで意見に忖度が生じるリスクがありますし、「戦士戦士戦士戦士」のような、同質ばかりのマッチョパーティーではうまく助け合うことができません。お互いのよいところも引き出せません。「校内研に課題意識を抱いている」という同じ志をもち、でも専門科目や仕事への考え方も違う。そんなパーティーを組めるとよいのかなと思います。

パーティーを組んで進めるメリットは、

・様々な人間関係に対話を展開できること
・自分にはなかった視点を得られること
・「自分だけの考えではない」という安心感

などが挙げられます。

それほど自分とは人間関係ができていない先生ともフランクに話せる仲間がいたら。これでばっちりだと思う内容に、思いがけない意見をくれる仲間がいたら。これで正しいかわからない…、本当にこれでうまくいくだろうか…、そんな時に一緒に考えてくれる仲間がいたら。何か組織に大きな変化を起こしたい時、心強いパーティーがいることは本当にありがたいものです。学校は一人では変えられません。しかし、３人いたら大きな変化を起こすことも可能です。仲間をつくり、周りを巻き込んでうねりをつくっていきましょう。

ポイント！

・学校は一人の力では変えられないと悟ろう。
・ボトムサージを起こしていこう。
・大きな変化を起こしたい時はパーティーを組もう。

02

多様な意見を受け入れるマインドセット

チクッとした意見…どう捉える？

校内研でボトムサージを起こしていくためには、先生方に研究を自分ごととして考えてもらったり、先生方の意見をできるだけ取り入れたりしていく必要があります。そこで、研修前後に「どんなテーマで研修を行いたいですか？」や「今日の研修はどうでしたか？」のような簡単なアンケートを取るようにしていました。職員室にはいろいろな考え方の先生がいますから、時にはチクッと刺さる意見をもらったりすることがあります。こんな時、多様な意見を受け入れるマインドセットがとても大切だと考えています。

読者の皆さんはそんなチクッと刺さる意見をもらった時、どんな反応をしますか？

①「いてっ！（なんだこいつ！意味わからん！）」↓嫌いになる
②「いてっ！なんだお前！このやろう！（ブスッ）」↓やり返す
③「いてっ！（なんで…？）」↓考える

こうして文字化してみたら、もちろんまず「考える」べきですよね。でも、現実はそんなに簡単ではありません。

熱い思いがある時ほど…

研究１年目を終えた時、先生方に新しい研究スタイルについてアンケートを取りました。おおむね肯定的だったアンケートの中に、「個人研究と何が違うかわからない」「今後の見通しが立たない」「グループ研の発表会は残念だった」という回答が目につきました。この回答を見た時の率直な思いは「いや…じゃあ自分でやってみろや…」でした。この時の自分は、頭を抱えながらもとりあえず１年間を終えられてほっとしていたため、これまでやってきたことへの否定的な意見を受け入れられませんでした。一生懸命頑張っている時ほど、否定的な意見を聞くのは耳が痛いものだと思います。

多様な意見を受け入れるマインドセット

モヤモヤしながら帰路につき、ご飯を食べ、お風呂に入り、ベッドで目を閉じました…が、眠れません。アンケートを書いた先生とどう話そうか。いっそ話さずに終わりにしようか。いろいろ考えましたが、一晩明けて冷静になった頃、「T先生の困り感は、ほかの先生も抱いてる可能性があるよな…」「T先生も前向きになってもらうにはどうしたらいいのかな…」と考えることができ、その後、話をじっくり聞かせてもらうことにしました。ダークサイドからの復活です。

話を聞くと、T先生にも思いがあり、本気で研究のことを考えてくれているからこそ、困っていることがわかりました。言いにくい気持ちもありつつ、しっかりと意見を伝えてくれたT先生には今でも本当に感謝しています。

この経験から大切にしているマインドセットが次の2つです。

①自分の意見が正しいと思わないこと

②反対の意見にこそ価値があるということ

熱い思いがあればあるほど、自分の意見に固執し、反対の意見を受け入れられなくなることがあります。でも、自分の意見はあくまでも全体の中の一つにすぎないと考えた方がかかるストレスが少なく済みますし、客観的に状況を見られるようになります。また、反対の意見は改善のヒントであり、それにこそ価値があると考えると、新しいアイデアにつながることがあります。

絶対にやってはいけないのは「正論」という一見強力な剣を振りかざして相手を切り伏せることです。**正論で相手を倒したところで、実際は仲間が一人減るだけです。正論よりも対話で仲間を増やしていくべきです。**

ポイント！

- 自分の意見が正しいと思い込まないようにしよう。
- 反対の意見にこそ価値があると考えよう。
- 正論で戦うよりも対話で仲間を増やそう。

03

一人ひとりの強みを生かすアンテナを張る

校内研をマネジメントする今までの視点

突然ですが質問です。「自分が校内研をマネジメントする立場になったとして、校内研をどんな場にしたいですか？」

私の友人何名かに聞いてみた結果、以下のような回答が得られました。

・ちゃんと学びになる場
・指導力を高める場
・若手が積極的に学べる場
・みんなが力をつけられる研修

・授業や学級経営に還元されるもの
・みんなの方向性が揃うもの
・研究が終わった後に先生方に残るものにしたい
・働き方改革で、個人で勉強しなくていいと思っている人もいるからそういう人の学ぶ場
・若手も含めやってよかったと思える場
・合意形成する場（自分たちがどこに向かっているかを確かめる）
それぞれ考え方はあれど、やはり共通点は先生や子どもに還元できる校内研にしていきたいという部分かと思います。

校内研をマネジメントする新たな視点

校内研をマネジメントする視点としてここに1つ加えたいのが「一人ひとりのよさを生かす場」です。具体的な実践は北カフェ（150ページ）、シェアハピ（154ページ）、ICT研修（188ページ）などを見ていただけたらと思います。ここで大切にしたいのはマインドです。本書で何度か出てきますが、「双方向」「個別最適な校内研」「協働的な校内研」を心

がけると、校内研が先生方一人ひとりをつなぐものとして機能するようになります。そしてその結果、一人ひとりのよさを生かす場にもなってきます。

この研修は講師をこの先生にお願いしよう。

この研修ではあの先生とあの先生に若手グループに入ってもらおう。

あの先生は英語が得意だから研修だよりを書いてもらおう。

あの先生は本が好きだから読み聞かせのおすすめ本を紹介してもらおう。

あの先生は書いてまとめるのが得意だから協議の記録を書いてもらおう。

あの先生はアロマに詳しいから自主研修で講座を開いてもらおう。

研修主任が「先生方のいいところを生かせる場はないかな…？」とアンテナを張って過ごすことで、様々な場面で先生方のよさを生かせるアイデアが生まれます。

個人的に、このマインドは学級経営に近いと思っています。担任として学級を見た時に、子どもたち一人ひとりのよさを引き出すために活躍の場をマネジメントするのと一緒で、研修を職員室の先生方一人ひとりの強みを生かせる場にできるとよいでしょう。指導力の高い先生を講師として招き黙って講話を聞くような、受動的で一方向的な校内研ではこのような効果は得られません。

ちなみに北小学校の研究発表会では、

・絵が得意な先生がウェルカムボードを描く
・音楽を愛してやまない音楽専科がＢＧＭのＤＪをする
・アロマオイルづくりが趣味の先生にリラックスコーナーをつくってもらう

など、先生方一人ひとりのよさを生かした仕掛けがたくさんありました。

校内研は校内研のためだけにあらず。職員一人ひとりの強みを生かすためにはどうしたらよいかとアンテナを張ることで、校内研が先生方の自分ごととして浸透し、みんなを巻き込んだものになっていくはずです。

ポイント！

・校内研を「一人ひとりの強みを生かす場」という視点で見てみよう。
・研修主任が「いいところを生かす場はないかな…？」とアンテナを張ろう。
・強みを生かして、校内研を自分ごとにしていこう。

04

「何を」言うかより「誰が」言うか

大切なのはテクニックよりも信頼関係

「何を言うか」よりも「誰が」言うか。これは私が担任としても強く心がけていたことです。どれだけ正しいことをわかりやすく子どもに言ったとしても、先生との信頼関係がボロボロであれば何を言っても伝わっていきませんし、逆にちょっとくらい話がわかりにくかったとしても、子どもとの信頼関係がしっかり築けていたら、何とか理解しようとしてくれます。「何をどう話すか」というテクニックは教員として大切な力ですが、それより「誰が話すか」の「誰か」になれるかどうか。つまり、相手と信頼関係が築けるかどうかを、担任として大切にしてきました。

この「何を言うかより誰が言うか」という考え方は、大人との関係においても同じことが言えます。4月当初、本で読んだ実践を「自分のクラスでやってみたい！」と学年主任に提案をしたのに「足並みを揃えなきゃいけないから…」と言われて却下され、「なんでわかってくれないんだろう」と腹立たしい思いをした先生がいたとします（過去の私）。しかし、これは至極当然のことです。提案を通す時に必要なものが欠けています。

提案を通す重要なファクター「信頼」と「実績」

何かを提案して周りの理解を得るために必要なもの。それはその人の提案の具体性でしょうか。完成度でしょうか。それとも段取りでしょうか。どれも大切なことかと思いますが、私はその人の「信頼」と「実績」が重要だと考えています。学級経営と同じで、自分の思いを100％伝えるためには、また、相手に「理解しよう」と思ってもらうには、先に述べた「誰が言うか」の「誰か」になれるかどうかが大切なポイントです。

では、その「誰か」になるためにどう「信頼」と「実績」を積み上げていけばよいのでしょうか。正直、実績というのは簡単に積み上げることはできません。異動したばかりの先生はなかなか中核的な分掌を担うこともないでしょうし、若手の先生についても同様で、なかなかそういったポジションに恵まれなければ周りから認められるような実績を積むことができません。しかし、「信頼」は日々のちょっとした心がけで積み上げていくことができます。私が心がけていたことをいくつか挙げると…、

・誰も見ていない仕事をする

↓紙を補充したり、ちょっとシュレッダーのゴミが溢れた時に掃き掃除をしたり、廊下に落ちているゴミを拾ったり。

・先生方一人ひとりのよさを見つけて伝える

↓先生は、１日のほとんどを子どもと過ごし、大人にフィードバックしてもらう機会がほとんどありません。ハードな仕事なのですから、もっとみんなでモチベーションを高め合えたらいいなと思い、自分から積極的にほかの先生のよいところを伝えるようにしています。

・子どもたちを褒める

↓自分自身を褒められるよりも、自分のクラスの子どもたちを褒められる方が嬉しいこともありますね。先生のクラスの〇〇さん、いい挨拶ですね、と個人を褒めたり、自

習に入ったクラスで、先生のクラスこんなところがよかったですよ、と伝えたり…。先生にも子どもにも前向きなフィードバックになるので一石二鳥です。

・ご機嫌でいる

↓職員室がイライラピリピリした雰囲気になることを望んでいる先生はおそらく一人もいないはずです。話しやすい雰囲気でいることは人間関係を築く上で確実にプラスになります。

「信頼を得るためにやっていること」と書くとずいぶん打算的な人間に見えますが…。校内研に限らず、大きな変化を望むのであれば、「信頼」と「実績」は重要です。日頃のちょっとした心がけを大切にしましょう。

ポイント！

・「誰が言うか」の「誰か」になるために、信頼関係を大切にしよう！
・提案を通すためには「信頼」と「実績」が影響することを心得よう！
・日頃の心がけで信頼を積み重ねよう！

05

校長がすべてを決める≠校長は決裁権をもっているだけ

管理職の首を縦に振らせるには？

組織の中で何か大きな改革をしようとした時に立ちはだかるのが「管理職の壁」です。自分がどれだけ自信や信念をもって進めていることでも、管理職がNOと言えば、それはNOです。これは組織の在り方として当然のこと。みんながやりたいことを好き勝手やってしまっては組織として収拾がつかなくなってしまいますから、管理職が全体を見て決断したことは絶対です。

だからこそ「校長がすべてを決める」という認識ではなく、「校長は決裁権をもっているだけ」と考える必要があります。「最終的に校長がダメって言ったら終わりだよね」という悲観的な見方をするのではなく、「どうやったら校長にYESと言わせられるだろうか」と考えるようにしています。すると必然的に戦略的に動くことを考えるようになります。自分の思いをストレートにぶつけるのも大切ですが、熱い想いだけで首を縦に振ってくれるならそんなに簡単なことはありません。管理職を納得させられるように、もっと手持ちの武器を準備する必要があります。さて、どんな準備をすると管理職にYESと言ってもらえるでしょうか。

私が管理職に相談する上で準備したことや心がけたことは以下のようなことです。

・事前に何人かに話してフィードバックをもらう
・前例を準備する
・プレゼン資料をまとめる
・複数人で管理職に相談しに行く
・(管理職の思いを教えてもらう)

まず、新しい校内研のビジョンについて、どのような反応が返ってくるかを知るために、何名かの先生に雑談のような形で相談をしました。今振り返っても、この時の判断はファインプレーでした。相談する中で2つの課題が浮き彫りになったのです。

一つ目は、**前例がない不透明さ**です。私は最初、職員室の働き方改革についての研究がしたいという話で相談をしていましたが、返ってきた反応は「面白そうだけど、子どものことじゃなくていいの？」「そんな研究見たことないけどいいの？」でした。管理職に限らず、前例がないということは決断に大きなブレーキをかけます。思い切った提案をする時は、冷静に情報収集をすることがマストです。

2つ目は、**言葉だけではうまく伝わらない**ということです。教員は、対子どもだと黒板に文字を書いたり図表やイラストを用いたりしてわかりやすく伝えようと努力しますが、対大人だと、言葉だけで伝えようとしがちです。限られた時間の中でビジョンと思いを伝えなければならないのに、手持ちの武器が言葉だけというのは無謀すぎます。プレゼンにあたっては、イラスト化した資料を作成することにしました。

さて、両手に前例と資料を携え、「いざ校長室へ…！」と思いましたが、まだこれだと心配です。実際にプレゼンするにあたり、最強の武器「お供（本書を共に書いている花岡）」を引き連れていきました。一人ではなく、複数人で協力して考えているということを理解してもらうため、また、プレゼンする人間の精神的な安定剤として、お供は最強のツールです。ここまで準備をしていざ校長室へ。次年度の研究についてプレゼンです。

「こんなこと考えてます！　前例もあります！　資料もあってわかりやすい！　ね？　いいでしょ！　この研究！」

…ちょっと盛ってますが、かなり一方通行に思いを伝えてしまったと今振り返って反省しています。校長先生は私たちがプレゼンした後に、「私はこう思うのだけれども…」と、管理職としての考えを教えてくれました。

なお、この経験から学習したことですが、管理職にＹＥＳかＮＯの判断を委ねるだけではなく、「どのようにお考えですか？」と相手の考えを聴く姿勢も重要だと実感しました。

ポイント！

・校長に納得してもらうための戦略を立てよう。
・周りの意見を受け入れ、フィードバックを学びに変えよう。
・プレゼンの準備を徹底しよう。

06

研修をマネジメントする3つの心得

校内研を変化させるために…

本書を手に取った先生は、きっと少なからず校内研に困り感を抱いていたり、課題意識をもっていたりする方だと思います。中には「大きく校内研を改革したい！」と強い思いをもっている先生もいるでしょうし、自校の校内研をちょっとだけ変えてみたいなと考えている先生もいるかと思います。変化の大小に関わらず、それをマネジメントする時の心得を３つ紹介します。

①目的意識を大切にするべし

②先生方の実態を大切にするべし
③「うまくいかない！」を楽しむべし

まず、目的意識を大切にすることです。序章で「目的の問い直し」について述べましたが、本当に大切なことなのでもう一度お伝えさせてください。

本書では第２章、第３章、第４章で様々な具体を紹介します。本当にちょっとした誰もできそうなことから、かなりぶっ飛んだ実践まで様々です。つい実践そのものに目が行ってしまうかもしれませんが、やはり大切にしたいのは、その目的です。

本書で述べているそれぞれの具体は「研修や研究は何のためにするのか？」という目的の問い直しが根底にあります。「よし、面白そうだから取り入れてみよう！」と思った時に、改めて自分が「何のためにそれを取り入れるのか」を考えられると、より充実した校内研をマネジメントできるのではないかと思います。

次に、先生方の実態を大切にすることです。北小学校は、変化に対して柔軟で前向きな学校です。「とりあえずやってみよう！」「やってみてから反省して変えていこう！」という雰囲気があります。この雰囲気は、旗を降る主任一人でつくっていけるものではなく、これまでの先生方一人ひとりの、学校をよりよいものに変えていこうという意識と実践の積み上げの基にできているものだと思います。

しかし、実際のところは北小学校のように変化に前向きな先生がたくさんいる職員室ばかりではないと思います。逆に変化に消極的で、変化を苦手とする職員室もあるはずです。そういった職員室でダイナミックな実践ばかり取り入れても、なかなかうまくいかないかもしれません。先生方の実態を踏まえて研修のマネジメントができるとよいのかなと思います。

最後に「うまくいかない！」を楽しむこと、これが一番大切だと思います。47ページでも述べましたが、自分が一生懸命やっている時ほど、周りの意見を受け入れられなくなったり、うまくいかない現実に苛立ったりするものです。私自身、うまくいってない時は、(あぁ…なんでこんな面倒なこと始めてしまったんだ…普通の研究だったら…）とか、(なんでわかってくれないんだろう。間違ったことやってないはずなのに…）とか、(とりあえず一石投じたから！　もううまくいかなくてもいいよね！）とか、後悔、苛立ち、投げやり（諦め？）な気持ちで、自分が立ち上げた研究から目を背けたことが何度かありました。そんな気持ちで進める校内研…。よいものになるわけないですよね。

さて、ここでマインドセット！　新しいことをやるのですから、何から何までうまくいくことなんて絶対ありえません。むしろ、うまくいかないことの方が多くて当たり前です。特に、校内研なんてのはいろいろな考えの先生がいる職員室の先生方、全員を巻き込んで行うものです。

うまくいかないのは「当たり前」。
うまくいくのは「有り難い」。

そんなマインドで、周りに感謝を忘れず、多難な道を楽しんでいけたらいいですね。

ポイント！

・目的意識を大切にしよう。
・実態を大切にしよう。
・「うまくいかない！」を楽しもう。

Column

笑顔で学ぶために

蕨市立北小学校前校長　松原好子

１つの研究発表を終えました。校長拝命１年目、コロナ禍真っ只中でした。たくさん勉強させていただいた研究でしたが、正直なところ、やれやれやっと終わったというのが実感でした。「さて、来年度から何を研究していこうか。もっと楽しく研究できるものはないか」と考えているところに、２名の教員がタブレット片手に校長室に乗り込んできました。「次はこれがやりたいんです」

１時間ほど、校長室でプレゼンをしながら熱く語ってくれました。その二人は、教務主任でもなく、研究主任でもなく、生徒指導主任と体育主任であり、一介の（失礼、申し訳ない）担任です。ワクワクして、感激したことを今も覚えています。まさに、やりたかったことを具現化してくれていました。

校内研究を進めるにあたってぼんやりと考えていたことは以下の通りです。

○やりたいことや試したいことは実現してほしい。

○成功は成功、失敗も成功であり、違う方法を考えるチャンスである。
○『研究やらされ感』を与えたくない。
○数名の授業者に負担をかけさせたくない。
○本校の教育課題の解決を図ることは大前提である。

翌年、研究テーマはざっくりと、仮説もないまま、校内研究はスタートしました。スタート時は、『グループ研究』という名の『個人研究』のように、私からは見えました。本校教員全員が、目指す児童像という頂上を目指して、様々なルートから登り始めたのです。3年後の姿がイメージできず、若干不安ではありました。

単独登山だったのが、途中で合流しながら、パーティ登山となっていきました。放課後の職員室では、学年、教科、経験年数を超えて、タブレット片手にグループで話し合う姿が頻繁に見られました。しかも難しい顔をしていない、沈黙の話し合いではない、侃々諤々、笑い声あり、……。これなら大丈夫、安心して全力で応援しようと思いました。

研究委嘱の最終年度には『研究発表会』があります。本校が委嘱を受けてからは、研究発表会をゴールに研究してきたわけではないので、研究発表会についての思いを伝えました。

・打ち上げ花火型の発表ではなく、日頃の授業実践の途中に研究発表があるので、発表の成果と課題を受けてさらに研究を深めてほしい。

・研究発表に来ていただいた方にはお土産（真似をしてもらえそうな内容・素材）を持ち帰ってほしい。

・どうせやるなら、ホストもゲストも楽しい発表会にしてほしい（学園祭のイメージと伝えました）。

大雑把に伝えても、具現化できることが、本校職員の優秀なところです。

職員からの提案は原則採用、職員の「やりたい」を大切にし、職員の得意はどんどん生かす。研究の深まりとともに、職員同士の関わりと対話が増えました。

「教えて」「手伝って」「助けて」と気軽に言えて、誰かが必ず力を発揮してくれる職員室は私の宝箱です。

第2章
新しい「グループ研究」のススメ

01

始めよう、グループ研究！

一律一斉型の校内研究

多くの学校が、自治体からの委嘱を受けた校内研究に精を出しています。校内研究は、特定のテーマに従って実施することが多く、それらは研究主題と呼ばれています。研究主題は学校課題を基に考えられ、方向性が決まった上で、最も解決に適した教科を選ぶことが一般的です。「本校の児童は体力が低い。だから『進んで体力を高める児童の育成』と題した〝体育科〟の研究を行う」といった感じです。学校が総力を挙げて行うものですから、一定の成果が生まれることは言うまでもありません。

一方で、職員室は多様な考えが集まる場所であり、得意不得意・興味関心はまさに十人十色です。ここで立ち止まって考えたいのは、これまでの校内研究において職員の多様性はそれほど重要視されず、１つの教科について全職員で研究していく「一律一斉型の校内研究」が主流であったということです。

● 一律から生まれるモチベーションギャップ

学校には理科や音楽の専科、養護教諭、通級指導など、様々な立場の教員がいます。今一度考えたいのですが、たとえ学校の決定であっても、このような先生方が国語や体育といった担当にない教科の研究に対してモチベーション高く取り組むことができるでしょうか。また、教科ごとの知識量・経験値は職員によってバラバラです。例えば、初任の先生が、赴任早々「算数の見方・考え方を働かせるＩＣＴを活用した授業」というテーマで研究することを想像すると…、ちょっとしんどそうです。

職員室もクラスと同様に様々な立場や考えの方がいる場です。一律一斉型の校内研究では、どうしてもモチベーションギャップが生まれてしまいます。このギャップは、「研究主任とその周りの先生だけが頑張る」というバッドエンドにつながりかねません。学校全体の研究なのに、です。そこで私たちは、**モチベーションベースの「グループ研究」**に舵を切りました。

グループ研究最大のメリットは、職員一人ひとりが学びたいことについて学べる点です。宿題の在り方について研究したい先生は「宿題グループ」へ、特別支援を究めたい先生は「特別支援グループ」へといったように、各々が学びたいことを研究の出発点に据えることができます。個人の問題意識が起点となるため、個別最適な研究が実現されるとともに、おのずと必要感も生まれてモチベーションが高まります。また、「パソコンが得意だから、ICTグループ！」というように、自分の強みを生かして研究を進める先生が出てくることも、研究自体のモチベーションを高めることにつながります。

グループの決め方

本校では3年間グループ研究を行いましたが、ベストを模索し続けた結果、3回とも異なる方法でグループ決めをしました。

1年目は、コロナ禍だったこともあり、職員が一同に集まることがなかなか難しい状況でした。そのため、まずは職員に対して、興味をもっている教科や分野、実践を把握するための事前アンケートを行いました。その後、多かったものをピックアップし、Google Jamboard上で自分の名前が書かれた付箋を動かしてグループを決めました。

2年目も、1年目と同様に事前アンケートを行いました。ただし、1年目との大きな違いは、対面で行ったことです。アンケートで多かったものを紙に書き、教室の壁に貼り付け、気になる所へ移動してもらうという決め方です。1年目とは違い、自分の興味をその場でアウトプットしたり、自ら同じ志をもつ職員を見つけたりする場面が増えたため、ある程度メンバーの思いを共有した状態で研究をスタートすることができました。

このように2年間進めてきましたが、事前アンケートをもとにグループの候補を絞るやり方では、一人ひとりの「やりたい！」という思いを本当の意味で大切にしていないのではと考えました。そこで3年目は、グループ決めの直前に自分の興味を紙に書き出す時間を設けました。そして、その紙を持ち歩きながら対話を繰り返し、自分と考えが近い人を見つけ、自然発生的にグループをつくっていきました。「用意した中から好きなものを選んでください！」ではなく、職員一人ひとりが自分の興味関心に向き合い、**研究に関わるすべての職員が平均以上のモチベーション**で研究に臨めるよう工夫をしました。

02

必要なのはコーチではなく伴走者

相談したいけど…

私の経験談です。数年前、当時勤務していた学校で研究発表会が開催されました。私はその授業者となり、低学年ブロック計7人の代表となりました。ブロックの先生方は本当に優しく、若かった私はものすごく支えられたなと、今でも感謝の気持ちでいっぱいです。

こんなに頼りになる同僚に囲まれていたのであれば、悩みが生まれた時すぐに相談できたと思われるかもしれません。しかし、実際はそうではありませんでした。なぜなら、「授業者＝選手、授業者以外＝コーチ」といった関係性にならざるを得なかったからです。同僚の先生は「私たちはコーチであなたは選手」なんて1％も思っていなかったでしょう。

し、私が相談したら時間をとってくれたに違いありません。ですが、当時の私は「みんなは研究授業をしないいんだから、迷惑だろう…」という気遣いをしてしまい、悩みがあっても相談できませんでした。

授業者と授業者以外

もう一度言いますが、周りの先生方は本当に優しくて素敵な方ばかりでした。では、なぜこのような気遣いが生まれたのでしょうか。おそらく、明らかな仕事量の差が生じることで、授業者が精神的に孤立していくからです。研究授業がない時期、おそらく研究の話はほとんど話題に上がりません。〇〇スタンダートや〇〇タイムといった独自の取り組みを授業で淡々と進める、個人研究のようなイメージです。

しかし、研究授業が近づいてくると、授業者には単元計画や指導案の作成、模擬授業などの仕事が一気に降り注ぎ、ズドンと負担が増します。もちろん時間だけでなく、心理的負担も増します。いくら周りに恵まれていたとしても、いくら手を貸してくれたとしても、いきなり仕事量に差が生じるわけですから、どうしても両者の間には見えない心の壁が生まれてしまいます。

もしかすると、この壁は授業者にしか見えないものなのかもしれません。この壁が究極完全体になると「ほかの人は授業しないんだから他人事でいいよなぁ」なんて妬み嫉みで覆われたネガティブモードに突入することも。これは、完全にシステムエラーです。

共に走る伴走者だからこそ

そこで、グループ研究の登場です。グループ研究には、常日頃から同じモチベーション、同じ方向性で研究を進めている仲間＝グループメンバーがいます。一見、それぞれが好きなことを学ぶ個人研究に思われがちなこのスタイルですが、実は主題へ向けて共に歩みを進めるパートナーがいる点で大きく異なります。しかも、研究授業が近づいてきた時だけ…という期間限定ではなく、何かあればいつでも「仲間だろうがぁ！」とルフィばりの心意気で助けてくれる頼もしい仲間です。

もちろん従来のスタイルでも手を差し伸べてくれる人はいますが、声を大にして言いたいのは、「相談のしやすさ、アドバイスの沁み方が全っ然違いまっせ！」ということです。

本当に頼もしく、研究を進めていく上で欠かせないパートナーになります。

では、どうしてこんなにも頼もしく相談しやすいのでしょうか。それは、グループメンバーが「傍から見守るコーチ」ではなく、「同じ視点に立って実践を見合える伴走者」となるからです。互いの間には「授業者とその他」といった立場の違いはなく、年次が違っても同じ目標に向けて研究を進めるフラットな関係性が保たれます。そして、日常的にトライ＆エラーを繰り返している仲間だからこそ、互いの苦悩が手に取るようにわかり、結果的に相談しやすい間柄になっていきます。

大きな声では言えませんが、これまでの校内研究には「若手が積極的に研究授業やるっしょ？」という不文律があったように感じます。そして、授業がうまくいかないとその後の反省会でほかの先生からガンガン言わ●※□▲×…（省略）。そんな闇ルールでは、両者の間に分厚い壁ができて当然です。グループメンバーは、時には背中を押し、時には立ち止まってルートを確認してくれて、そしていつでもそばを走ってくれる、まさに**「研究の伴走者」**となるのです。

03

「積み木型研究」から「ドミノ型研究」へ

「3年間の積み重ねはどうなるんですか？」

皆さんの学校では、研究は何年単位で行われていますか？　本校は、3年間で1回の研究が終わります（前任校も3年でした）。これは基本的に自治体が定めることが多いため、「え、3年なの？　うちは2年だけど！」という方もいれば、「そもそも年数の縛りあるの？　うちは特に決まってないよ」という方もいると思います。地域によって実態は違いますが、「複数年同じ研究をしてね！」という我々のような委嘱の受け方をしている皆さんには、ぜひ一緒に考えていただきたい内容になります。

さて、冒頭の見出しは、私たち研究担当が「グループ研究をしたい！」と伝えた時に職員から最も受けた質問です。そのほかにも、「年度またぎの引継ぎは、どうするの？」「アンケート結果の経年変化がわからないのでは？」といった質問も受けました。というのも、我々担当が思い描いていたグループ研究は、年度ごとにグループをつくり直すものだったからです。ちょうど、学期始まりに係を決め直すあの感覚です。これが引き金となり、先生方の頭の中が「？？？」となってしまいました。私たちが最初にぶつかった大きな壁、「成果は積み上げないとダメでしょ問題」の始まりです。

3年という研究期間

正直、懸念はしていたのですが知らんぷりしていた問題だったので、質問を受けた後はすごく悩みました。これは何とか方向性を示さねばと、まず考えたのは、その年で一番よかったグループ実践をみんなで選び、次年度に引き継ぐ「コレ北」という仕組みの提案でした。この制度があれば、3年間の研究をつなぐ架け橋になると考えたのです。

しかし、残念ながらしっくりくるものにはなりませんでした。例えば、1年目に「めっちゃいい」と評判になった宿題の出し方があり、コレ北に選ばれたとします。これを次年度に引き継ぐとなると、新たな宿題の出し方を研究したいと思っている先生の足枷になってしまうのと同時に、特別支援学級では実施が難しい、担任をもたない先生には関係のない話…などなど付随的に様々な問題が生じてしまいます。そして、何より「学校として一つの実践を強要すること」が、私たちが最も大切にしていた研究へのモチベーションを削いでしまうことにつながりかねないという結論に至り、あえなくボツとなりました。

なかなか打開策が見つからないからこそ、改めて「研究を積み上げること」の目的と意味について考え直しました。なぜ3年間なのか。3年間で終わっていいものなのか。これらの問いに向き合う中でわかったのは、生まれた成果は、取り組んだ年数分だけ上へ上へと積み上げていくべきであるといった研究風土が蔓延していたということです。「せっかく3年間同じ主題で研究するんだから、年を追うごとに内容もレベルもステップアップしていくよね」という暗黙の了解があったのです。

横へつなげる「ドミノ型」

研究は積み重ねが大切だという意見は一理ありますし、上手にステップアップしていけるのなら何ら問題はありません。しかし、毎年メンバーの移り変わりが激しい職員室において、そもそもきれいに3年分の研究成果を積み上げるのは容易いことではないのです。また、あまりにも高く積み上げようとした結果、時間と労力という概念を無視したひと時の成果のための実践が後を絶たないことも大きな問題です。時間と労力をガンガンにかけまくった挙句、委嘱期間が終わった瞬間に「はい、おしまい」とスクラップしてしまう「研究のための研究」は、モチベーションベースで研究を進める上で絶対に避けなければなりません。

前置きが長くなりましたが…。本校がやったことはとてもシンプルです。研究成果を期間限定で積み重ねようとするのをやめ、1年単位で成果をシェアし、よい実践は各々の判断で次年度に取り入れていきました。実践の積み重ねを価値とする「積み木型の研究」ではなく、よいものを確実に次へつなぐ「ドミノ型の研究」です。このシステムの中で生まれた研究成果は、3年という委嘱期間が終わっても、勤務先が変わっても続けることができるため、まさに**「持続可能な校内研究」**と言えます。

04

「仮説検証型」から「仮説生成型」へ

仮説の在り方を問い直す

皆さんは、ご自分の学校の研究仮説は正しく言えますか？「○○すれば、■■になるだろう」のようなアレです。仮説は研究主題に迫る上での大切な見通しですから、本来は主題と同じくらい念頭に置いておくべきものですよね。でも、仮説って結構忘れられがちな存在ではないでしょうか。この項では、研究仮説の在り方について考えていきます。

巷には様々な研究仮説が存在していますが、見るたびにモヤモヤしてしまう類の仮説があります。それは、研究の中身を知る前からうっすら結果が透けて見えてしまう「あたりまえ仮説」です。豊島区立高南小学校で校長をされている田中博史先生も、『新しい研究授業の進め方』（東洋館出版社、２０２２）の中でこのように言及しています。

研究をしなくてもわかりそうな仮説、たとえば、体育科なら、「技能のポイントを示して、運動のこつがわかるようにすれば、子供の技能は上達し、運動好きの子供が育つだろう」の類いを立て、その手立てを考え、実践する。授業後にアンケートをとって「運動が上手になった」「運動が好きになった」の割合が〇％増加したので、この仮説は正しかった。研究は成功だった、とまとめる研究は、果たして研究と言えるのだろうか？

図星すぎて、ぐうの音も出ません。このような仮説、校内研究というフィールドに溢れかえっていると思いませんか？

●あたりまえ仮説が生まれる背景

では、なぜこのようなあたりまえ仮説が生まれてしまうのでしょうか。私は、仮説を立てるタイミングに起因すると考えています。これまでの校内研究では、事前に決めた仮説が正しいものなのかを明らかにしていく「仮説検証型」が一般的であり、仮説は研究の立ち上げと同じタイミングでつくられていました。ただ、私も研究を担当して気づいたのですが、仮説に限らず、目指す児童像や手立てを決定する際、「これって本当に成果が出るの?」「この方向性で本当に正しいの?」といった不安がものすごくよぎるんですよね。

しかも全校を巻き込んで何年間か行うものですから、「失敗しちゃあかん…」というプレッシャーが半端ないんです。だから、どうしても保守的な気持ちが先走り、見通しをもちやすい無難な研究仮説に落ち着いてしまうことが多いのだと思います。序章でも述べましたが、悩むとつい歩き慣れた道を選びたくなってしまうものです。

実践から仮説を生み出す「生成型」

では、本校はというと…「研究をする前から結果が透けて見える仮説を立てるくらいなら、いっそのこと仮説を立てないでやってみよう!」というノリと勢いで研究を始めました(笑)。ただ、このノリと勢いの裏には「先の見えない問いに対する答えは、実践の中でしか見つからない」というちゃんとした理念もあります。本校の研究主題は「主体的に活動する児童の育成」でしたが、3年間のうち2年間は仮説を立てず、各グループが児童から主体性を引き出す実践をとことんやりました。それぞれが「こうだ！」という実践を積み重ねてもらい、実践がたまった3年目にこれまでのグループ成果を整理し、「児童から主体性を引き出す共通項」を洗い出しました。そこから、出てきたものがこちらです。

・児童の主体性を引き出すためには、どうやら「対話」が大切っぽいぞ
・児童の主体性は、「児童と児童」「児童と教師」の関係性も影響するっぽいぞ

以上からつくり上げた仮説が、**「教師も児童も対話を通して関係性を育むことで、児童の主体性を引き出すことができるだろう」**です。きっと、研究スタート時の1年目にはつくることができなかった仮説だと思います。仮説が生まれた3年目からは、全グループがこの仮説を道しるべとして研究を進めました。あらかじめ決めた仮説を検証するのではなく、実践知から仮説を生み出す「仮説生成型」の一例です。

05

失敗だって立派な成果

とりあえず、やってみよう！

これは、本校が最も大切にしていた研究モットーです。この言葉、どうしてこんなに浸透することになったのかというと…遡ること3年半前。前の校内研究が一区切りつき、「次の校内研どうする？」会議が行われていた時のことです。

「グループで研究がしたいです！」

「でも、学校として研究を進めるんだから、それっていいんですか？」

「個人研究に陥ってしまう可能性はないですか？」

「今までやったことがないから、どうなるかわからないなぁ…」

こんな感じで暗くて重い空気が漂っている時に、当時の松原校長先生（本当に女神）が、ポロっと口にした言葉がこれでした。

「研究の方法で悩むんじゃなくてさ、子どものために悩もうよ！　大丈夫！　60%くらい見通しがもてていれば何とかなるから！　とりあえずさ、やってみようよ！」

校内研に対して、その場にいる誰よりも前向きで挑戦的な心もちでいることにとても衝撃を受けました。それ以来、この言葉が本校の研究に定着するようになったのです。

成功ありきの研究って研究なの？

ここでお話ししたいのは、この見出しの一言に尽きます。日頃から松原校長は、

「いいよ、失敗したって。ごめんなさいって謝ればいいんだから」

と口にしていました。この言葉を聞くたびに、

「校内研って絶対成功しなきゃダメだと思っていたけれど、失敗が許されるんだ」

と、何度も価値観がアップデートされていきました。

確かに、そもそも研究とは成功ありきで行うものではありません。特に学校で行う研究に関しては、「教育に終わりはない」という言葉に凝縮されている通り、一つの明確な答えを見つけることではなく、**「目の前の子どもたちのために、日々現場でトライ&エラーを繰り返すプロセス」**に価値があるのだと思います。教育だって研究だって人が行うものですから、本来はすべての実践が成功に終わらなくたっていいはずです。

失敗が語られない教育現場

でも、どうでしょう。校内研究の成果発表って、「アンケートの数値がこんなに上昇しました！」とか「こんな取り組みをして児童が変わりました！」といった成功エピソードを語るのが定番化していませんか？　少なくとも私がこれまで参加した研究会において、「〇〇をしたのですが、全然効果がありませんでした」という失敗エピソードを成果とする場面に出会ったことはありません。いじわるな言い方をすると、どんな研究でもちゃんとハッピーエンドで終わっているんです。きっと、限られた時間内で話すべきは効果が見られた実践だと考えてのことだと思います。その気持ちはよくわかりますが、そのせいで、どうやら「よい変化が見られたものだけが校内研の成果だ」という息苦しい固定観念が蔓延っているように感じるのです。その結果、「よい変化がない実践＝価値がない」といった研究観が生まれ、先生方の積極的なトライ＆エラーを妨害しているように見えてならないのです。成果に囚われた研究が持続不可能な実践を次々と生み出し、職員の「校内研究離れ」を促進している現状もまた、何としてでも変えなければなりません。

本校では、年度初めの研究説明において必ず下のようなスライドを全職員で共有しました。トライ＆エラーをガンガン繰り返し、たとえ失敗したとしても胸を張って成果と言えるんだ！という研究観を根付かせたかったからです。「失敗してもいい校内研究」だったら、やってもいいなって思いませんか？

06

グループ同士をつなぐ

グループをつなぐ難しさ

徐々に職員の理解を得ながら、何とか始まったグループ研究。初めは何もかもが手探り状態だったため、出現してきた問題をそのつど打ち返す、もぐら叩きの日々が続きました。すぐに解決したものもあれば最後の最後まで悩んだ問題もあったのですが、中でも頭を悩ませたのが「グループ同士をつなぐ問題」でした。3年目こそ共通の仮説が生まれたため、グループ間のつながりも増えたのですが、1、2年目は「どこを目指しているのか」がまだまだ不透明だったため、横の情報共有がほとんど行われませんでした。

研究担当としては、「各グループが完全に独立して進めるのではなく、グループ同士も研究のよき伴走者としてつながってほしい」という願いがあったため、これを解決するにはとても苦労しました。

情報をシェアするのはなぜ?

職員のモチベーションを研究のベースとしているので、各々が「やりたい!」と思う実践はもちろんやってほしい。でも、校内研という枠組みは無視できないから、目指す先は一緒であってほしい…。こんな葛藤を抱きながらまず行ったのは、グループで話し合った内容をホワイトボードアプリに記録していく取り組みです。初年度は2週間に一度、グループ研究を設けていたので、毎回の内容をデータ化し、誰でも全グループの進捗状況を把握できるようにしていました。

しかし、初めは順調だったものの、徐々に記録する意識は薄れていき…定着するには至りませんでした。おそらく、時間的な余裕のなさが大きな理由だと思いますが、それ以上に私たち研究担当が職員に対して「グループ間で情報をシェアするメリット」を十分に説明できていなかったのだと思います。情報のシェアが活発になることで悩んでいた問題が一気に解決したり、新たな視点を得ることができたり、時には話を聞いてもらうだけで気持ちが楽になったり…。研究内容自体はグループに委ねていますが、職員全員で研究を進めるよさも生かしたいという思いがありました。しかし、その部分が伝えきれていなかったように思います。

オープンな環境づくり

1年目の反省を生かして次年度に行ったのが、グループ研後に各リーダーが集まって進捗状況を報告する「ほっとミーティング」です。全員が閲覧できるような記録には残りませんが、確実に各グループの進捗具合をシェアできる取り組みとなりました。本当はグループで挙がった悩みや相談事を解決できる場としたかったのですが、時間の関係もあり「その日話したこと」を報告する会に落ち着きました。

また、2年目からは職員室後方に研究ボードを設置し、各グループの研究の中身をシェアできるコーナーも設けました。これらの改善によって、徐々にグループ同士のつながりが見られ始めたものの、グループの困り感や悩み事を聞き合う時間の確保という面では、課題が残ったままとなりました。

そして、３年目。グループをつなぐ上で最大の課題であった時間の確保を解決するために、これまでは学年１名ずつで構成されていた研究推進委員会（研推）に、各グループリーダーにも参加してもらうことにしました。２年目まではグループ研後のわずか２、３分しか集まることができなかったのですが、研推で時間を確保できるようになったため、各グループの実践や思いをシェアできる場となりました。

グループ同士がつながり、情報のシェアが活発になることは、職員室の雰囲気をよくすることにもつながります。反対に、各グループが鎖国的になればなるほど、「こんな実践、みんな興味ないよね」とか「これをやって何か言われたらどうしよう…」というネガティブな風土が生まれていき、徐々に研究へのモチベーションにも差が生まれていきます。とにかく、**年次を問わず誰もが各々の実践をシェアできるオープンな環境を整え、風通しのよい研究が行えるようにすることが**大切です。

07

公開授業はいつでも誰でも

セットメニュー化した研究授業

毎度質問をして申し訳ないのですが…ここでもちょっと質問させてください。「校内研究」と聞いて、真っ先に思いつく取り組みは何でしょうか？　○○スタンダード、指導案作成、アンケート調査、掲示物の整備、偉い方からのありがたいお話…。いろいろ思い浮かびそうですが、アレを忘れるわけにはいきません。そう、研究授業です。

おそらく、研究授業は上位にランクインすると思います。「校内研究と研究授業はセットである」という考えは、私たち教員の意識に強く刷り込まれているのではないでしょうか。

研究授業ってどんな仕事？

校内研究に、もれなくついてくる研究授業。ファーストフード店のようにハッピーセットと言える関係性であれば何ら問題ないのですが…実際はどうでしょう。研究授業者を決める時に、

「今年は誰がやる？」

「…じゃあ、まだ若手ですし、経験を積むために私が…」

「どうぞどうぞ」

といった現象は起きていませんか？　また、授業者に対して、

「授業やるの？　やる気あるねー、えらい！　感動した！」

なんて元首相ばりの賛辞を送ったりしていませんか？　さすがにこれは大げさですが、どうやら研究授業とは「できれば避けたいこと」であり、「引き受けた人は勇気とやる気がある」という冠が付くちょっと異質な仕事になっているようです。

ただ、私も発表会の授業者をしたことがあるのですが、終わってみると、正直やってよ

かったなとも思いました。道徳の研究授業だったのですが、その時学んだ「考え、議論する授業づくり」は、今なお生きていると感じます。また、授業後にもらった意見は今でも大切に保管していて、時折見返すこともしています。当日に至るまでの準備はものすごく大変でしたが、確実に自分の授業力を底上げしてくれたポジティブな経験です。

「公開授業」へのシフト

こう書くと深イイ話のように聞こえるかもしれませんが、私は同時に大きな課題が潜んでいると思っています。それは、「研究授業者のみが力をつけるシステムである」ということです。確かに授業検討は小グループで行うため、授業者以外もインプットは可能です。しかし、授業者とそれ以外の先生ではどうしても当事者意識に差が出ますし、ほとんどの学校で年間1回、授業者は1～3人という限定的なシステムが敷かれています。指導案や掲示物作成等へかける労力を鑑みると、これが限界値なのでしょう。

でも、せっかくなら校内研が誰にとっても自分の力に変えられる場になってほしいと思いませんか？　賛否あると思いますが、私は「授業を見てもらい、参観者から意見をもらうこと」が授業力を高める唯一の方法だと思っています。そう考えると、年に1回、学校で数人というシステムが研究授業の最適解なのかという疑問が生まれます。ここでも改革のメスを入れます。

まず、**本校では研究授業という重たい取り組みを廃止し、誰が、いつ、どんな授業を見せてもよい「公開授業」に変えました。**研究授業のようなフルパワーでつくり上げた渾身の一撃的な授業ではなく、研究スパイスをちょっとだけ加えた「日々の授業」を公開するという取り組みです。正直な話、45分の授業づくりに莫大な時間を費やした研究授業って、再現性が低くなりがちです。私たちが本当に知りたいのは、手間暇かけてつくり上げた高級フレンチのような絶品授業ではなく、忙しい中でも冷蔵庫にあるものでちゃちゃっとつくれる「明日やってみよう!」と思える授業です。

また、授業にこだわることもやめ、例えば学級経営グループであれば異学年が一緒に掃除をする「お掃除コラボ」を、宿題グループであれば、上級生が下級生に自学のノウハウを伝授する「自学交換会」を公開しました。研究を進める中で「ここは公開してフィードバックがほしい!」という願いが生まれた時に、いつでもそれが叶うようシステムを整え、本当の意味で研究が日常に溶け込むことを目指したのです。

08

指導案はＡ４で１枚

枚数自慢大会

14ページ。これは、私が書いた学習指導案の最高ページ数です。すごくないですか？　45分間の授業を行うために、Ａ４用紙裏表７枚もの指導案をびっしり書いたんですよ！　うろ覚えですが、仕上げるのに２ヵ月近くは費やしたと思います。

「こんなに一生懸命書いたんだから、きっと授業を参観する人にもこの熱いパッション は伝わるはず！　指導案も、隅々までじっくり読んでもらえるに違いない！」

若かりし頃の私はそう信じて疑わず、ただただ指導案をいかに詳しく、そして多く書くかに全パワーを注いでいました。同僚と、

「今回は、○枚も書いたわー。すごくね？（ドヤ）」なんていう枚数自慢大会を行っていたことは、今となってはよい思い出です（本当は黒歴史です）。

指導案を書く目的は？

本音を言うと、指導案に多大な労力を割く経験は、一度はしておいてもいいかなと思います。指導案と真摯に向き合うことで、単元や授業の構想が確かにクリアになるからです。しかし、皆さんもご存じの通り、そもそも指導案は「多く書くこと」が目的ではありません。本来の指導案を書く目的は、おそらくこの2つです。

・授業者が、単元や授業の目標・内容を明確にし、効果的な授業戦略を計画すること
・参観者が、授業のねらいや意図およびそれに対する手立てを理解すること

つまり、指導案とは「授業者が単元や本時の内容を整理し、それらを参観者に『授業を

見る観点』として伝達すること」だと言えます。ということは、この目的が達成されるのならば…。またまた改革の香りが漂ってきました。でもその前に、もうちょっと膿を出しておきましょう。

研究授業で配付される指導案、皆さんはどのくらい読んでいますか？

「最初から最後までしっかり読んでから、授業を参観してるに決まってるやん！」という方には…本当にすみません。ですが、私のように、「単元名」と「本時」しかちゃんと読まず、残りはざっと、という方は…みんな友達です。単刀直入に言うと、指導案って莫大な時間を費やしてつくったものなのに、すべてに目を通す人ってほとんどいないと思うのです。こと研究発表会に関して言うと、授業の数十分前に受付で配られた指導案をじっくり読み込む時間なんてないんですよ。最近はメールで事前に指導案を送付する学校も増えてきていますが、事前に配られたとてじっくり読んでから授業を参観する方って…どのくらいいるんでしょう。よほどその授業に興味がない限り、なかなかいないと予想します。

「いやいや、授業構想を整理するためなんだから、指導案は授業者のためになっていればええやん！」とお考えの方もいると思いますが、「文頭の位置を揃えましょう」とか「形式を統一しましょう」「フォントはMS明朝で」などといった体裁への指導が尽きないことを考えると、指導案作成ってかなり他者意識の強い仕事ですよね。にも関わらず、ほとんどが読まれずにスルーされる現実。悲しいです。

オリジナル指導案

手段の目的化となっていた指導案。

本校では、授業者と参観者それぞれの視点に立ち、**本当に必要な情報だけを残したオリジナル指導案を作成しました。**枚数は、A4一枚。スリム化されたことで気軽に公開授業が行えるようになったとともに、授業者は授業の見どころを突き詰めるようになり、参観者は確実に目を通すようになりました。

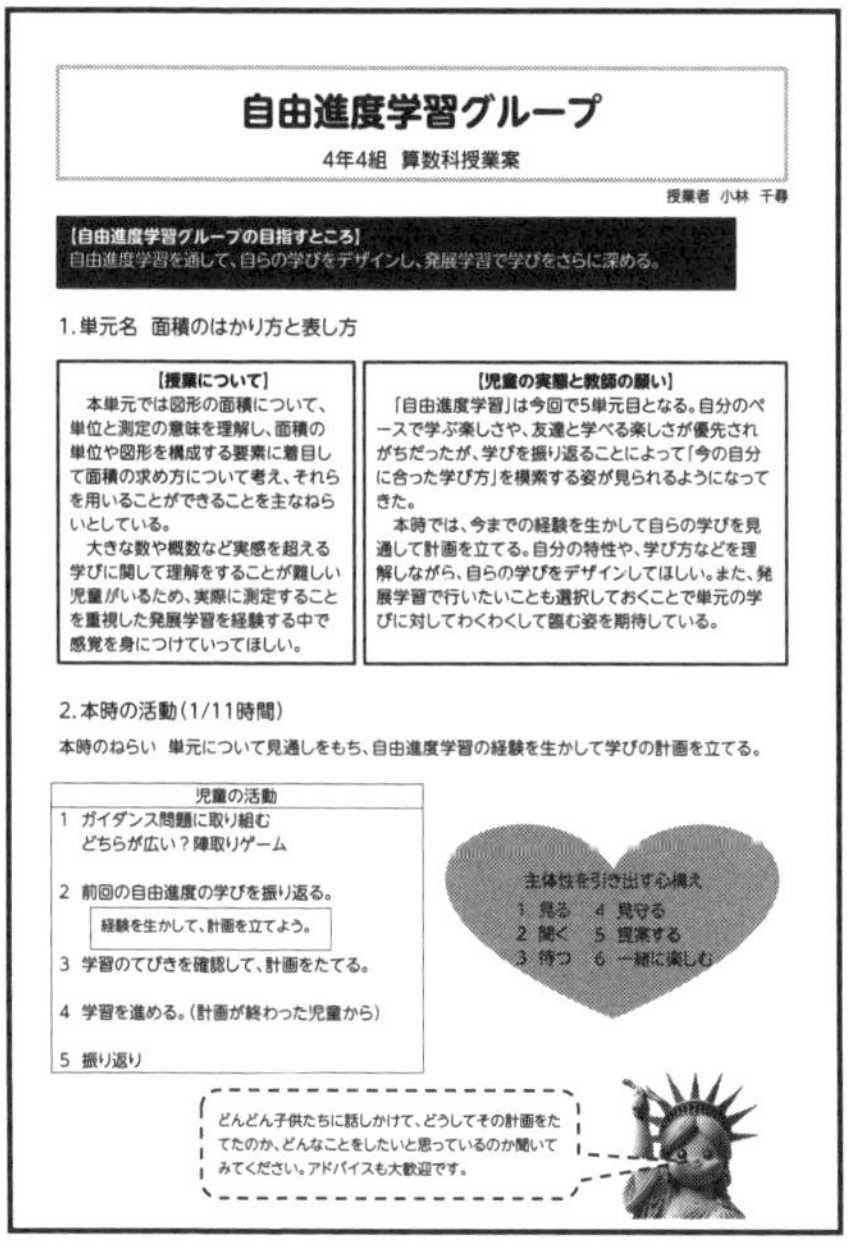

自由進度学習グループ

4年4組　算数科授業案

授業者　小林　千尋

【自由進度学習グループの目指すところ】

自由進度学習を通して、自らの学びをデザインし、発展学習で学びをさらに深める。

1.単元名　面積のはかり方と表し方

【授業について】

本単元では図形の面積について、単位と測定の意味を理解し、面積の単位や図形を構成する要素に着目して面積の求め方について考え、それらを用いることができることを主なねらいとしている。

大きな数や概数など実感を超える学びに関して理解をすることが難しい児童がいるため、実際に測定することを重視した発展学習を経験する中で感覚を身につけていってほしい。


【児童の実態と教師の願い】

「自由進度学習」は今回で5単元目となる。自分のペースで学ぶ楽しさや、友達と学べる楽しさが優先されがちだったが、学びを振り返ることによって「今の自分に合った学び方」を模索する姿が見られるようになってきた。

本時では、今までの経験を生かして自らの学びを見通して計画を立てる。自分の特性や、学び方などを理解しながら、自らの学びをデザインしてほしい。また、発展学習で行いたいことも選択しておくことで単元の学びに対してわくわくして臨む姿を期待している。

2.本時の活動（1/11時間）

本時のねらい　単元について見通しをもち、自由進度学習の経験を生かして学びの計画を立てる。

児童の活動
1　ガイダンス問題に取り組む どちらが広い？陣取りゲーム
2　前回の自由進度の学びを振り返る。 経験を生かして、計画を立てよう。
3　学習のてびきを確認して、計画をたてる。
4　学習を進める。（計画が終わった児童から）
5　振り返り

主体性を引き出す心構え
1　見る　4　見守る
2　聞く　5　提案する
3　待つ　6　一緒に楽しむ

どんどん子供たちに話しかけて、どうしてその計画をたてたのか、どんなことをしたいと思っているのか聞いてみてください。アドバイスも大歓迎です。

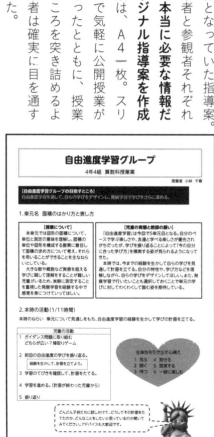

09

指導者からファシリテーターへ

指導者を置くメリット

校内研究では、テーマに応じて指導者を設定するのが一般的です。選定の際は、教育委員会の先生や大学の教授など、その道のプロにお願いすることが多いです。指導者を置くことのメリットをまとめると、だいたい次のようになります。

・教育に関する新たな視座や最新の教育情報を提供してくれる
・授業や実践に関して、フィードバックをもらうことができる
・指導者の助言によって方向性が定まるため、研究をスムーズに進めることができる

まだまだメリットはたくさんあると思います。専門的な立場から俯瞰的に研究を見てもらうことで得られる学びがあります。

指導者をおくデメリット

一見、指導者は必ず置いた方がよい気がしますが、今一度「本当にそうなのか？」と問い直してみると、デメリットらしきものも見つかります。

・指導者の考えと学校の実態にズレが生まれる可能性がある
・指導者の考えが、研究の「正解」になってしまう
・指導者の助言に依存すると、研究のトライ＆エラーが生まれない

特に、3つ目はかなり深刻な問題だと思っています。もちろんその道のプロにお願いをしているわけですから、我々にとっても子どもたちにとっても有益な情報を提供してくれるはずです。しかし、指導者の言葉に依存しすぎると、自分たちでトライ＆エラーを繰り

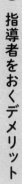

返すことをやめてしまうリスクもあります。それって、学校の研究と言えるのでしょうか。確かにその助言で救われることもありますが、正直、悩まされることも度々あります。

「それは正論なんだけど…うちの実態だとなかなか難しいよなぁ…」

こんな思いが生まれたとしても、指導を依頼した手前、その助言を棚に上げて別の角度から研究を進めることは難しいですよね。

また、私たちのように各グループが自走しなければ成り立たない研究スタイルの場合、指導者がいない時間にどれだけ実践を積み重ねられるかが鍵になります。当然、指導者はいる時間よりもいない時間の方が長いわけですから、自分たちで問題を発見し、解をつくり出すサイクルを定着させることが何より重要になってくるわけです。

解へ導くファシリテーター

本校でも、初めは指導者を呼ぼうと考えていました。事実、研究の立ち上げの際に指導者の話題が結構出ました。ですが、「主体性」という掴みにくい主題であったこともあり、誰にお願いをすればいいのか悩んでいるうちに1年目が終わりました。

2年目。職員の入れ替えが多かったこともあり、改めて「校内研究って何なの？」という根本を問い直したいと考えました。その際、答えを与えてくれる指導者ではなく、研究の伴走者として自分たちで答えが見つかるように導いてくれる人を探しました。研究テーマが「主体的に活動する児童の育成」だったため、子どもに求めるならば、まずは我々自身が主体的に学ぶ経験をしよう！　と考えてのことです。このような流れがあり、最終的に私たちの研究に本発表まで伴走してくださった庄子寛之先生（現ベネッセコーポレーション）にファシリテーターをお願いしたのです。

庄子先生は、私たちに答えを与えるのではなく、何度も何度も問い続けました。

「どんな校内研究は、やりたくないですか？」

「幸せな校内研究って、何ですか？」

とにかく、きれいごとなしの本音で対話をし続けました。この3年間、様々な研修を受けてきましたが、ダントツで心に残っています。それは、きっと研究を進める上で軸となるマインドを〝与えられた〟のではなく、**〝自分たちで考え、見つけた〟**からだと思います。

10

研究授業会から実践交流会へ

研究授業の目的を考える

研究授業とは、その名のとおり授業を通して研究の成果を発信する場であり、目的に着目すると大きく二分できます。

・職員と指導者で行う、年間のまとめとしての授業
・外部からの参観者を募る、校内研究の総まとめとしての授業

前者は、研究の発展途上で授業を行い、その後の研究をさらに推進していく目的で行わ

れます。また、後者は数年間の研究成果を外部へと発信し、フィードバックを通じて自校の教育活動に活かすことを目的として行われています。この2つの共通点は、どちらも研究の成果を〝45分間の授業で見せる〟という点です。

研究授業会を本音で語る

従来の研究授業システムは、「参観者の目線を揃えることができる」というメリットがありました。全員が同じ授業を見て、同じテーマに基づいて議論を交わすため、例えば「この手立てについて意見がほしいな！」なんて時にはもってこいの手法です。多様な意見をいただくことで、1つの柱を深堀りする方法と言えます。

こんなに長い間、しかも全国で採用されているシステムですから、さぞかし皆さんも満足しているに違いありません。ということで、本校の職員数名に研究授業とその後の反省会に関するイメージを聞いてみました。以下、ご紹介します。

・黒い服を着た大人が教室の後ろにずらっと並び、先生も子どもも緊張した「いつもの授

業じゃない授業」を見る空間
・研究の成果を発表しているというよりも、授業者の指導力を評価されている気がする
・学校としての研究成果を見せる場なのに、どうしても授業者一人に負担が偏る
・反省会は、聞きたいことがあっても聞けるような雰囲気ではない（特に若い先生）
・発言力のある先生が話しておしまい。言いたいことが言えない　などなど…

さすが本校の先生、めっちゃ本音です。

さて、これを読んでみてどうでしょうか。結構、的を射ていると思いませんか？

確かに、研究授業やその後の反省会を通して研究自体を一歩前進させることはできるのかもしれません。ですが、こんなにもマイナスイメージが根強い中で、

「そんなの知らんで。うちの学校でも、当然研究授業をやりまっせ！　やりたい人？」なんて強行突破できるわけがありません。そもそも研究の成果って、「45分間の授業」という枠組みじゃないと伝えられないものなのでしょうか？

研究成果を見せる実践発表会

ここでも、「そもそも研究発表会って何のためにやるの？」という目的を問い直すことにより、システムを再考しました。その結果、本校では各グループの研究成果が伝わるのであれば、授業にとらわれず、45分間でなくてもＯＫでは！という意見にまとまりました。

よって、本校では年度末に研究のまとめとして行われていた研究授業に代わり、各グループが最も伝えやすい方法で研究成果をシェアする**「実践交流会」**を行いました。１年間の実践をプレゼンするグループ、児童の成果物を展示して対話しながら意見をもらうグループ、実際に教室で行った取り組みを追体験してもらうグループなど、グループの個性が存分に表れた楽しい学びの時間となりました。研究成果を見せる場で、笑顔と対話が溢れるって素敵だと思いませんか？

11

研究紀要って何のため？

ラスボス「研究紀要」

これまで、様々な角度から毒を吐いてきたこと、心よりお詫び申し上げます。あと一回だけ、お許しください（笑）。

さて、第2章ラストは研究紀要です。おそらく年度末あたりで研究の総まとめとしてつくられる、分厚くて細かい字がたくさん書かれた、アレです。私もつくったことがあるのですが、大変ですよね。何が大変かというと…研究紀要ってなんとなく「見栄えをよくするために体裁を整えなければならない」というプレッシャーが強くないですか？　フォントや文字の大きさを統一したり、いろんなアンケート結果のグラフを縦横ビシッと配置したり、何ならこれまでにつくった資料を紀要用に丁寧につくり直したり…。校内研究というフィールドにおける最強のラスボスです。

どれくらい読んでる?

皆さんは、研究紀要をどれくらい読んでいますか? 例によって私の話をすると、自校の紀要は30%くらい、他校の紀要は5%くらいしか読んでいません(悪い奴)。今、書きながらその理由を考えていたのですが、栄えある第1位を獲得したのは、「情報量が多すぎて読む気が失せる!」でした!

きっと、「研究めっちゃ大変だったから、その過程や成果を余すことなく伝えたい!」という担当者の熱い思いが込められているのだと思います。ですが、メディアの変化もあり、現代人は物事の大枠をより早く知りたい生き物になってきています。そんな今の人にとって、分厚くて細かくて難しい冊子は、まさに天敵。一生懸命つくっても、読んでもらえないなんてことが今後ますます増えてくるような気がしてなりません。

Ｎｅｗ研究紀要

そこで、本校では抜本的に研究紀要のスタイルを変えました。

まず、１、２年目については、北小の研究をすることになった先生が「これを読めば、北小ではどんな研究をしているのかわかる！」という**校内での引継ぎ**を目的としてつくりました。また、働き方改革の観点から、紀要のために新しく資料をつくることを最小限に抑え、各グループが１年間でつくったものや実践交流会用に用意した資料を綴じ込み、表紙をつけて完成としました。フォントや形式はバラバラですが、校内でシェアすることが目的なのでＯＫです！

発表が控えている３年目については、校外の方々が読むことを想定して「とにかく情報を厳選し、**目を通してもらうこと**」を目的としました。機能性の観点から紀要をウェブサイト化し、見たい情報に素早くアクセスできるようにしたり、紀要を配布した後でも最新情報にアップデートできるようにしたりしました。

これまで時間と労力をＭＡＸにしてつくっていた研究紀要も、実態に合ったスタイルに変えることで新たな形が見つかりました。最後に、研究を立ち上げた年（令和３年度）に作成した紀要の冒頭文をご紹介します。執筆者は、葛原先生です。

「研究紀要は何のためにつくるの？」と聞かれた時、先生方は何と答えますか？　研究をまとめるため？　研究の記録を残すため？　様々な答えが考えられますが、私は「研究を引き継ぐため」だと考えています。まとめることも、記録を残すことも、それ自体が目的ではありません。たとえわかりやすくまとめても、たとえ一字一句もれなく記録を残しても、読まれなければその紀要に意味はありません。配付されて終わり…机の中に眠っている…せっかく時間をかけてつくったものも、そうなってしまっては圧倒的に生産性の低いものになってしまいます。そこで、令和３年度の研究紀要は、令和４年度の北小の研究に関わる先生向けに作成しました。いわば、「研究のビジョンや思いを共有できる紀要」です。教員の校内研究というのは、異動によりメンバーが変わってしまうのがとても厄介な１つの壁です。この紀要がその壁を乗り越え、先生方の思いを３年目、その先までつないでいく手助けになれば幸いです。

Column

キタ研ぶっちゃけトーク
新たな研究スタイルへの挑戦

下村由香

北小に異動したての頃、いわゆるオーソドックスな校内研修を三十数年間やり続けてきた私は、北小の「新しい研究」に触れ、戸惑いと不安に苛まれました。「辛い・眠くなる・負担が大きい…」、あまりにネガティブな言葉が、私がついこの間まで行ってきた校内研修を表す言葉となっていました。その辛い研修を、自己研鑽のためには「当たり前」と思ってきた私には衝撃でした。

今までの校内研修は、みんなで同じ研究に身を置くことで、嫌々ながらも勉強し、自分自身が力をつけるよい機会だったと思っていました。また、ベテランから若手までが同じ研究をすることで、教師全体のレベルアップにもつながっていたとも感じていました。でも、授業者にかかる負担は大きかったし、授業者は若手の役目という雰囲気もありました。授業者とそうでない教師との研究にかける温度差もありました。そんな校内研修に大変さを感じつつも、「これが校内研修だから…。その中でよりよく学び、お互いに力をつけましょう」と考えていました。

Column

キタ研ぶっちゃけトーク

北小の「新しい研究」に対して、先が見えない不安から、正直意欲的には取り組めませんでした。「個人研究でいいの？　先生によって実践もバラバラ。取り組んでいるクラスとそうでないクラスがあるけれど、保護者はどう思っているの？　成果は？」と疑問だらけ。でも、目指す方向性（主体的な子どもの育成）はみな同じなのだから、バラバラの研究も積み重ねることでじわりじわりと威力を発揮するのではないか、という期待もありました。

もやもやした気持ちを抱えながらも研究を進めてみると、多くの先生方と交流する中で、自分の研究だけではたどり着けないようなたくさんの経験を得ることができました。それに、何より先生方が楽しそうに研究を進めている姿がとても印象的でした。ネガティブな研究を、ポジティブな研究に変えていこうと頑張っている先生方の姿で「こんな研究もいいな」と思うことができました。

まだこの新たな研究は始まったばかりで、課題は多いと思います。でも、教師が楽しく学べる校内研究が、北小の子どもたちの力を、さらに伸ばすことへとつなげられれば、最高の研究になると思います。私も、その研究を支える一人として、学び続ける教師でありたいと思った校内研究でした。

Column

キタ研ぶっちゃけトーク
この研究、本当に大丈夫？　間に合うの？

三浦いのり

令和５年度、初めて北小学校に着任しました。北小学校の情報は赴任前から得ていたので、子どもたちの様子や研修の内容などもある程度聞いていました。（ああ、前任校の東小学校と同じ『主体性』が研究テーマ。しかも、今年度発表の年だ。）そう思いながら、初めての研修に参加したのですが…。

４月当初行われたのは、「どんな研修がいい研修？　どんな研修ならやりたい？　どんな研修はやりたくない？」といった根本的な内容。しかも研究グループは、これから希望で決めるというのです。

（え？　今年発表の年だよね？　今からこんなこと話し合っていて間に合うの？　研究グループを新たにつくるの？）私が今まで経験してきた研修は、１年目に基礎研修、２年目は基礎研修を踏まえ、授業研究をメインにした研修、そして３年目、研究発表に向けて授業者を決めたり、準備をしたり大忙し。そんなイメージだったので、正直、北小の研究に不安しか感じませんでした。

グループ決めの時間。一人ひとりが「自分のやりたい研究」を紙に書き、グループをつくっていきます。私は、自分のやりたい研究と一番近い「シェアスタ」グループに入りました。「シェアスタ」グループのメンバーは5人。偶然にも若手、中堅、ベテランがバランスよく入っていて、みんな授業の中で学び合いを大切にしたいと思っているメンバーでした。グループ研究が始まるとすぐに、この研究のよさを見つけました。まず、少人数なので声をかければすぐに集合でき、話し合いがスムーズに始まります。若手もベテランも関係なく、自分たちの意見をどんどん言い合えるのもよいところです。さらに、得意分野を生かして役割分担を行います。研修中にぼんやりしている人は一人もいません。もちろん、ほかのグループも同じです。教師が主体的に取り組み、若い先生方がどんどん自分で学んでいる姿。これこそが、ほかの学校にはない北小の研究のよさだと気がつきました。

個人がやりたい研究を軸にグループをつくり、それぞれのグループが研究したことをシェアする研修。校内研修の新しいスタイルを提案する研究発表会。教師が主体的に学ぶ北小の研修は、研究発表後も終わることなく続いていくことでしょう。

Column

あなたの楽しいが、学校を変える

冨塚あずさ

「いやいや、そんなのうまくいくわけがないでしょ」この校内研の概要を聞いた時の率直な感想です。校内研といえば①教科またはテーマをしぼる②全職員で一丸となって理想とする児童の育成に努める③長期にわたり、成果を積み重ねて結果を残す、という簡単に説明するとこの3つをイメージされると思います。「テーマ？　自分の好きに設定してください」「全職員で？　いやいや、同じ目的をもつ職員同士でやりましょう」「積み重ね？気に入ったら、次年度も同じテーマで活動してください」……校内研の概念がガラガラと大きな音を立てて、崩れていったことは言うまでもありません。しかし、本校の校内研を終えてみて思うことは「あれ…結構、楽しかったなあ！」です。では、この楽しいって何だったのでしょうか。

教員は、未来を担える人材を育成する仕事です。その人材育成に必要なことは何でしょうか。私は、教師の指導力だと考えます。その指導力はどうやって向上させたらよいのでしょうか。

Column

あなたの楽しいが、学校を変える

私は、今の自分に足りないものは何か、何がいけなかったのか、どうしたらよかったのか、悩み、勉強します。誰かに相談します。本を読みます。これらは、すべて「この分野の指導力を高めたい」という目的意識をもって自分をどうにかしようと行動したものです。校内研はその手段の一つとして、学校現場で用意されている絶好のチャンスです。本校の校内研は、一人ひとりが目的意識をもってグループに所属するので、自分がほしいと思うスキルを手に入れることができます。やらされているのではなく、自分の目的意識に合わせて学ぶことができたからこそ私は「楽しかった」という満足感で終えられたのだと思います。

私が所属したグループは5人と少人数でした。学年も経験年数もバラバラな5人組でしたが、なぜかうまく回っていました。今、振り返ってみて思う成功のポイントは①各自のやりたいことを全員が応援していた②一人ひとりの持ち味（得意なこと）を活かせていた、の2つだったのではないかと考えます。同グループの教員は、「少人数だったからこそ気軽に授業を見られたり、自分に仕事や役割が与えられたりして楽しかった」と話してくれました。

私が考える校内研のポイントは「教員が主体的に、自分のためだと思って活動しているか」ということです。受け身のまま、やらされているだけの校内研に、自分のスキルアップは望めません。また、児童に「主体的な学び」を伝えたいのであれば、それを指導する側も主体的に活動できる人の方が望ましいはずです。本校の校内研はまさにそこに着目したのだと、今なら言うことができます。「児童を変えるには、まずは教員から」です。教員のレベルが上がれば、おのずと児童の指導へ還元されるというよい循環が生まれます。

とは言っても、私はこの校内研スタイルをそのまま全校に推奨するわけではありません。それは、学校によっては向き不向きがあるからです。一つ、おすすめするのであれば「横のつながりを大切にし、各個人を尊重し合える校内研であってほしい」ということです。ふと視野を広げてみると、自分にはない、素敵なものをたくさんもっている仲間がいます。それを、各校の校内研で活かしてみてはどうでしょうか。自分のスキルアップにつながるはずです。

今、あなたの学校では「自分のためになっている」と思える校内研の時間になっていますか？

第3章

職員同士が仲良くなる校内研修へ

01 双方向型の研修をデザインする

イヤイヤ研修との決別

校内研修とは、忙しい時に限って目の前に現れるものである。

こんなマイナスな印象を抱いている人はいませんか？　その気持ち、よーくわかります。校内研修は嫌われ者扱いされることが多く、楽しみとはほど遠いものになっているのが現状です。

しかし、我々教員にとって研修は専門性を磨く上で不可欠。きっと、必要だとわかっているけれど気持ちが乗らない、というのが正直なところなのかなと思います。でも、大丈夫。ちょっとしたノウハウがあれば、そんなイヤイヤ研修と決別できます。

学びたいことが学べる研修へ

校内研修は、「担当者から与えられる」という受動的なイメージが強いものです。このような研修を軽視しているわけではないのですが、校内で内容を決められる研修くらい、「本当に学びたいことが学べる、待ち遠しい時間」に変えてもいいのではないかと思っています。また、全員が同じ場所に集まって同じ方向を向き、同じ話を聞くだけの研修スタイルは、睡眠学習者を生み出す温床となります。このような、受動的で一方通行型の研修にきれいさっぱり別れを告げ、本校では誰もが安心してインプットとアウトプットができる「双方向型の研修スタイル」にシフトしました。

このような研修を行う上で私たちが大切にした考え方は、「個別最適」と「協働的」です。そう、文部科学省が目指す教育の姿そのものです。

例えば、ICT研修を企画するとします。「今はクラウド保存が当たり前っすよ」と語るパソコン大好きA先生。そして、「別にワードさえ使えれば満足です」と話すベテランB先生。この二人が存在する空間で、どちらの先生も満足する一斉研修を行うことはほぼ無理です。なので、まずはどんな研修であっても一人ひとりのニーズに合致する個別最適な研修になるよう、場をデザインしました。

　また、例えば学級経営の研修を企画しているとします。この時、採用されがちなのが「学級経営が上手な先生に話してもらう」といった講義スタイルです。これはこれで価値ある時間ですが、聞いている職員は1秒もアウトプットすることなく研修が終わってしまいますし、講師となった先生には新たな情報がインプットされません。

　そこで私たちは、「どうせやるなら、年齢や年次の壁を取っ払い、全員が対等な立場でインプットとアウトプットができる協働的な研修をしよう」と、研修の枠組み自体を変えました。ゲーミフィケーションの要素を積極的に取り入れ、忙しい中でも「これなら研修に参加してよかった！」と思ってもらえる時間になるよう設計しました。また、「〇〇スタンダードの共通理解研修」のように毎年同じ内容のものは希望研修へと移行するなど、参加者が「必要感を抱きながら学べる研修」を目指しました。

　スタイルの変更と同時に内容も大幅にテコ入れし、「去年やったから今年もやる」という前例踏襲主義を見直して、職員にとって本当に必要なものだけを選りすぐりました。また、年度初めには職員アンケートを実施し、「研修を通して何を学びたいか」という質問から得た解答をベースとして年間の研修計画を立てました。

さらに、参加者目線に立って研修の時期も再考しました。例えば春休みにごっそり入っていた緊急度の低い研修は、ゆとりが出てくる４月下旬にずらし、その代わりに数日後に迫った学級開きのテクニックをシェアする研修を入れました。研修は季節ものなので、その時々の旬を大切にしたスケジューリングをしました。

本校の研修ノウハウについてはこの後詳しく述べていきますが、研修担当が共通して意識していたのは、とにかく年齢や年次にとらわれず、**全員が主体的に情報シェアできる心地よい空間をつくること**です。「こんなこと、今さら恥ずかしくて質問できない…」「こんな情報なんて誰も必要としないよね…」といった情報共有を阻むマイナス因子をどれだけ減らすことができるか。これが、イヤイヤ研修から脱却するための大きなポイントです。

ポイント！

・インプットとアウトプットができる双方向型の研修をデザインしよう。
・研修を個別最適で協働的な時間にしよう。
・全員が安心して情報共有できる空間をつくろう。

02

場づくりを制する者は、研修を制す

場づくりの重要性

北小では、参加者が「話すだけ」「聞くだけ」の一方通行にならないよう研修を設計しています。では、対話する時間さえ確保すればよいかといえば、そうではありません。本校の担当は、研修の場づくりにこだわっています。なぜなら、同じ空間で同じ数の椅子と机を用意したとしても、セッティングの仕方次第で研修の雰囲気がガラッと変わってしまうからです。それほど、研修にとって場の在り方は大事です。名作『スラムダンク』の言いまわしを借りれば、「場づくりを制する者は、研修を制す」です。担当は、その日のねらいや内容、醸成したい雰囲気に合わせてそのつど場を整えています。

場づくりのポイント

本校では、以下の3つを念頭に入れて研修会場をつくっています。

①座席の形

北小の研修は、自然と会話がはずむように小グループをつくり、座談会形式で行うのが基本です。その際、テーブルは必要か、人数は何人がベストか、椅子はどう配置すべきかを徹底的に考えます。とにかく**そこら中で対話を生むことが最優先事項**なので、テーブルが必要ないなら用意はしませんし、人数は多くても4人、そして会話がしやすい距離になるよう椅子をセッティングしています。

場づくり次第で研修が成功に終わるかどうかが決まると言っていいほど大切なことなので、座席は時間いっぱい調整を加えることが常です。ちなみに、本校では椅子が縦横ビシッと並べられていて全員が同じ方向を向いている〝THE研修会場〟はつくりません。理由は、対話を活発にする上であまりにも不向きだからです。

②グループ構成

学校は、どうしても学年というコミュニティで過ごす時間が多い職場です。決してそれが悪いわけではないのですが、研修の時間くらいは普段なかなか話せない職員と関わり、いつもは仕入れることができない情報をゲットしてほしい、と考えています。そのため、席は基本的にくじ引きです。もちろん、研修の内容によっては「学年」、「2学年ブロック」、「研究グループ」などで座ってもらうこともあります。

この後詳しく述べますが、研修は先生たちが会場に入ってから始まるまでの時間が本当に大切です。理由は、開始前の会場の雰囲気は開始後もしばらく続くからです。なので、研修担当からすると、待っている間はなるべく温かくて柔らかい空気感で過ごしてほしいのです。そのための工夫として、例えば席を決めるくじ一つとっても、動物の顔や果物のイラストを印刷しておくなど、ちょっとした遊び心を散りばめました。この何気ない仕掛けが、会場に入ってきた先生方の心をほぐしてくれます。

③グループ同士の距離感

研修中にどのような空気感を醸成したいのかによって、座席の配置も微妙に変えています。例えば、みんながアウトプットしやすいにぎやかな空気をつくりたい場合は、邪魔にならない程度にグループ同士の距離を近づけます。一方で、学力テスト分析のような集中力を要する研修の場合は、なるべく他グループの声が耳に入りにくいよう間隔を空けています。

もしかすると、どれも参加者にとっては大差がないことかもしれません。ですが、研修を担当してからというもの、同じ中身でも場のつくり方次第で雰囲気が大きく変わることを痛いほど味わってきました。先生方の時間を頂戴して研修をするわけですから、**「どんな場なら、研修に参加しやすいのか」を参加者目線で徹底的に考えること**が大切です。

ポイント！

・場づくりを制するものは、研修を制すと心得よう。
・座席の形、グループ構成、グループの距離感に配慮して場をつくろう。
・いつでも参加者目線で場を設計しよう。

03

心地のよい空気づくり

全員が受けたい研修なんてない！

とがった見出しからスタートしました。でも、真面目にこう思っています。研修よりも丸つけをしたいという人もいれば、疲れて今すぐ寝たい人もいるでしょうし、一刻も早く家に帰ってピクミンを進めたい人もいるでしょう。

つまり、「研修の時間だからちゃんと学びましょうね！」なんて正論を振りかざすのではなく、研修へのモチベーションは様々であると心に刻み、担当側がちょっとした工夫を加えることで、少しでも研修に気持ちを傾けてもらえるようにする必要があるのです。

偉大なるＢＧＭ

研修会場に入ると、和やかに流れるカフェミュージック。夏はサザンオールスターズのサマーソング。冬は定番クリスマスソング。北小の研修会場では、常にＢＧＭが流れています。音楽の効果は絶大で、その有無によって会場入り後の先生方の表情が全く違います。会場がシーンとしていると、「静かにしなければ」という心理から重たい空気が漂い、その空気を引きずったまま研修がスタートします。そして、そのうち睡眠学習者第一号が出現。そうならないためにも、積極的にＢＧＭの力を借りましょう。パソコンをＴＶにつないでYouTubeを流すだけ。これだけで研修中の雰囲気がビックリするほど柔らかくなります。先生方の心のスタンバイを後押ししてくれる、超おすすめの研修ハックです。

5分間アイスブレイク

本校の校内研修では、メインへ入る前に必ず5分間のアイスブレイクを行っています。

これには2つの理由があり、1つはBGMと同様に会場の空気を温め、心を研修へと向けてもらうためです。そしてもう1つは、参加した先生方へのお土産です。実際に体験して効果が実感できれば、先生方が教室で使える「アイスブレイク引き出し」の1つとして持ち帰ってもらえると考えたからです。そのため、アイスブレイクをする際は必ずそのねらいをセットで伝えるとともに、担当はその日の内容や時期、先生方の心理状況などを考慮して選んでいます。本校で行ったアイスブレイクと、その目的を一部ご紹介します。

①ドブル

とにかくゲーム自体がとっても楽しく、なおかつ様々な人と話すことができるため、まだまだ関係性が築かれていない年度初めなどにピッタリです。

②シャベリカ

少しずつ関係性ができてきたものの、さらに職員同士の距離感をグッと近づけたい時におすすめです。今まで知らなかった共通点に出会えることも！

③しるらないカード

本校では、最も大切な研究グループ決めの日に活用しました。興味や関心が近い人を見つけて活動していくために用いたカードゲームで、カードに書かれたイラストは、自分の気持ちを言語化しやすくするツールになります。

お茶・お菓子OK!

もちろん外部講師をお招きする研修は例外ですが、本校の職員だけで行う研修では、持ち物に「お好きな飲み物」がもれなく入っています。また、グループ決めのような超大事な日には、お菓子を用意します。いいアイデアは、和やかな空間でしか生まれませんし、忙しい毎日だからこそ研修がひと息つける場になってほしいと思って行っています。ちなみに、お菓子を会場の入り口に置くと、スマイル入室率100%です。

ポイント!

- BGMで居心地のよい空間を演出しよう。
- 5分間アイスブレイクで心を研修モードに変えよう。
- お茶やお菓子を持参してリラックスしながら研修をしよう。

04

実践例①　コース別ICT研修

実践紹介の前に…

さて、ここからは本校で行った研修についてご紹介していきます。読み進める上で着目していただきたいのは、**研修に込められた担当者の思い**です。これらの研修をそのまま導入していただくことも、もちろん嬉しいですが、担当者がどのような思いで一つひとつの研修・実践を企画したのかを読み取っていただけるともっと嬉しいです。目には見えない、内面に秘められた願いや意図を理解していただくことで、きっと皆さんの研修にも活かしやすくなると思います。

コース別研修の導入

本校では、定期的にＩＣＴに関する研修を行っています。ですが、ＩＣＴ研修って本当に難しいんです。なぜなら、ＩＣＴほどレディネスに差がある研修はほかにないからです。教室で例えると、マイペースに四則演算の基礎を固めたい子と、微積分なんて楽勝で難関大コースを希望する子が混在しているイメージです。これで、全員一律の研修って…絶対できないですよね。一方に寄せてしまうと、もう一方にとっては無意味な時間になってしまうことが容易に想像できます。また、ここで「得意な先生が苦手な先生に教えればいい」と安易に考えてしまうと、双方が満足する時間にはなりません。繰り返しになりますが、私たちが目指しているのは、**職員全員が安心してインプット・アウトプットができる研修**です。

そこで私たちがＩＣＴ研修に導入したのが、コース別という形式です。実際に行った研修の流れは、以下の通りです。

①職員が、ICTに関してどんなことを学びたい／やってみたいと思っているのかをアンケートで調べる。
②アンケートをもとに、研修の内容とゴールを決める。
③基礎的な内容をじっくり学ぶ「ベーシックコース」と、これまでの実践をどんどんシェアする「アドバンスコース」のどちらかに分かれてもらう。
④ベーシックコースの講師は研修担当の中から立て、参加した先生と対話をしながらじっくり基礎基本を伝授する。
⑤その後、学んだことがどのような場面で活用できそうか話し合う時間を設ける。
⑥アドバンスコースは、小グループに分かれて各々の実践を余すことなくシェアする。
⑦アドバンスコースで出された実践はクラウド上にメモをして、ベーシックコースでも閲覧できるようにする。

ICTに限らず、先生方が研修テーマに関してどんなことを知りたいと思っているのかを把握するのは、研修を設計する上でとても大切です。「それはもう知ってるわ」「便利なのはわかるけど、どう活用すればいいかわからん」といった距離感のずれた研修が続くと、校内研修自体にマイナスイメージが染みついてしまうからです。

この研修に関して振り返ると、アンケート結果を見た時に「苦手なのでじっくり基本を学びたい」と考えている先生と「ほかの方がどのように活用しているのか知りたい」と考えている先生に分かれました。

「今回はこっちで次回はこっち」という決断もできたかもしれませんが、「個別最適な学びの場をつくりたい」という研修担当の理念があったため、コース別という形をとりました。また、アドバンスコースで出た実践がベーシックコースの職員と共有できるシステムも整え、研修が完全に分断しないようコース間の情報シェアも心がけました。

ポイント！

- どんなことを学びたいと思っているのか、事前に調査をしよう。
- 個別最適な学びを実現させるために、コース別研修を取り入れよう。
- 研修が分断されないように、互いが情報共有できるシステムを整えよう。

05

実践例② サイコロトーク式学級経営研修

お宝を独り占めさせない！

次にご紹介するのは、春休みに実施した学級経営研修です。この職に就いている方なら誰もが首を縦に振ってくれると思いますが、新年度が始まってから学級開きまでの時間ってジェット機並みのスピードで過ぎ去りませんか？　やることは山のようにあるのに、全然時間がない…。そんな1年の中で最も余裕がない時期にも関わらず、研修が入っていることが多いように感じます。

「この時期に研修を入れたら、みんなに白い目で見られる…。怖い怖い怖い」

最初は、こんなネガティブな考えもよぎりました。ただ、裏を返せば年度初めのこの時期だからこそ価値が生まれ、先生方の力に変わる研修がきっとあるはず。そんな考えから生まれたのが、一人ひとりがもっている秘伝の学級経営術をシェアする研修です。先生方って、本当に素晴らしいノウハウをたくさんお持ちなんです。でも、なぜか学校ってそのお宝を積極的にシェアする風潮がありません。なので、この学級経営研修は「どんなに小さな情報でも、全部お宝ですよ！」というマインドを定着させる目的もありました。

ゲーミフィケーションの魔力

しかし、いざ研修することを考えた時、2つの大きな壁がありました。1つ目は、時期の壁です。いくら数日後に学級がスタートするとはいえ、やることが山のようにある中で全員が高いモチベーションで参加してくれることは、まずありえないと想定しました。そして、2つ目の壁は年次です。学級経営は、場数を踏んでいるベテラン先生の方が圧倒的にノウハウを備えている分野です。そのため、特に年次の浅い先生方が遠慮してアウトプットできないまま時間が過ぎてしまうのでは、という懸念もありました。

これらの壁を乗り越えるために行ったのが、「ゲーミフィケーション×研修」です。

研修と聞くと、どこか固くて重苦しいイメージが先行してしまい、なかなかモチベーションが上がりません。そんな研修にゲーミフィケーションをかけ算すれば、忙しい中でも楽しく学べる時間となり、年次の違いをほどよくマイルドにしてくれると考えたのです。

サイコロトーク

本校では、学級経営研修にサイコロトークをかけ合わせました。これは、トピックごとに6つの話題を用意し、出た目に応じてトークをするという研修です。自分のやり方に意見をもらうもよし、同じグループの先生にインタビューするもよしの協働的な場になります。サイコロトークは、自然と話題が方向づけされるため、「何を話せばいいかわからない…」という気まずい雰囲気を防止する効果があります。また、話題を変えるタイミングもグループにお任せしているため、気持ちのよいペースで研修を進めることもできます。

学級開き　サイコロトーク

（例）

- ⚀ 学級開きで大切なこと！
- ⚁ 私の、定番学級開き！
- ⚂ 誰も知らない隠し芸・特技
- ⚃ 子供が笑顔になるための㊙テクニック
- ⚄ 黄金の3日間、どう過ごす？
- ⚅ 最初の7日間、どう過ごす？

ちなみに、サイコロトークは時間配分が大切です。とにかく、「たくさん情報共有をしてほしいから」という理由で一つのトピックに長い時間を確保してしまいがちですが、これだと対話が間延びします。研修は、授業と同じでテンポがとても大切なので、「もうちょっと話したかったな」というくらいで次のトピックへと移行するのがちょうどいいです。

この研修で実際に使ったスライドの一部が右ページの図です。ある程度の時間配分は決めておきましたが、場の盛り上がり方次第で臨機応変に時間調整をしました。

ポイント！

・時期に応じて研修の内容を決定しよう。
・「ゲーミフィケーション×研修」で、年次の壁を乗り越えよう。
・研修中の先生たちの様子を見て、時間配分やテンポを決めよう。

06

実践例③ 働き方改善研修 時短BINGO「KAIZEN24」

シビアなテーマだからこそ

次は、働き方や時短に関する研修です。そもそも、なぜこの研修を行ったのかというと、年度初めの研修アンケートにおいて多くの先生が「時短のノウハウを知りたい！」と答えていたからです。校内の学びを司っている研修担当としては、これは何としてでもやろうと決めていました。

ただ、ちょっと本音をこぼすと…。働き方ってすごくシビアな問題なので、研修としてまぁまぁ扱いにくいんです。だって、大変な校務分掌を抱えている先生にとっては、働き方の研修なんてきれいごとだと感じてしまうかもしれませんよね。また、「仕事をすることが何よりも生きがいだから、時短テクなんて欲してないです。私はこれまで通り働きますよ」と考えている先生だっているかもしれません。つまり、先生方一人ひとりがどんな思いで働いているのかがあまりにも不透明なため、具体的にどんな情報を必要としているのかがさっぱりわからないのです…。そんな状況下で、「さーて、時代の流れに沿って思いっきり働き方を変えていきましょ！　早く帰れるテクニックを紹介するよ！」なんて強行突破した日には…。金輪際、職員室で私に話しかけてくれる人はいなくなるでしょう。

　この研修の設計にはかなり悩みましたが、最終的に「シビアなテーマだからこそ、楽しいに振り切っちゃえ！」という何とも楽観的な考えに着地しました。

KAIZEN24

　この研修でも、ゲーミフィケーションの力を借りました。行ったゲームは、その名も『時短BINGO「KAIZEN24」』。完全オリジナルの研修です。

【やり方】※研修時間は、1時間。

①4人〜5人のグループに分かれる。

②最初の20分で、自分がもっている働き方に関するノウハウを、テーマ別でとにかくアウトプットしていく。

③白紙のビンゴカードに、自分が知りたいテーマの番号を書く。ここまでは個人作業。

④順番に、「〇番の情報をもっている人は、教えてください！」と聞いていく。

⑤グループの中にその情報をもっている先生がいて、話を聞くことができたら自分のビンゴカードの番号に〇をする。

⑥ほかの人が言った番号が自分のカードにもあった場合、情報をゲットできたら〇する

働き方改善 研修

名前(　　　　　　　　　　)

1. 校務システムのこんな機能、知ってるよ！
2. 宿題の丸付け(チェック)、こうやるといいよ！
3. 帰りの会&朝の時間の使い方でよかった取組
4. ノートチェック、こうやっているよ！
5. 提出物チェック、こうやっているよ！
6. 整理整頓(教室机&職員室机)、これいいよ！
7. 整理整頓(パソコン)、これいいよ！
8. おすすめの本(仕事術など)、紹介します！
9. テストの丸つけ&得点記録は、こうやってます！
10.漢字小テストの丸つけ、こうやってます！
11.算数練習問題(プリントなど)の丸つけ、こうやってます！
12.教材研究、いつやる？
13.教材研究、どうやる？
14.Canva の便利な使い方
15.集金チェック、こうやってます！
16.会計文書&会計処理、こうやってます！
17.効率的なそうじ、こうやってます！(子供)
18.給食の配膳の仕方、こうやってます！
19.オススメ便利サイト！
20.ワードのこんな機能、便利だよ！
21.パワーポイントのこんな機能、便利だよ！
22.エクセルのこんな機能、便利だよ！
23.個人面談のひと工夫
24.おすすめ文房具
25.使えるショートカットキー
26.仕事段取り術(放課後)
27.仕事段取り術(月間)
28.仕事段取り術(年間)
29.休み時間の仕事ルール
30. 放課後の仕事ルール
31.トラブルにならない保護者対応の極意
32.夏休みの宿題の集め方&チェックの仕方、こうやってます！
33.報連相の仕方、こうやってます！
34.授業中の評価の仕方、こうやってます！
35.コメントの仕方、こうやってます！
36.学年の仕事のふり方、こうやってます！(主任経験のある先生、ぜひ！)
37.所見を書く時のマイルール！
38.仕事のリマインド(キープ)の仕方、こうやってます！

ことができる。

とにかく楽しみながら、でも有益な情報はちゃんとシェアできるように心がけてつくったオリジナルの研修です。研修後は、先生方が書いたすべての時短術をテーマ別にまとめて配付しました。先生方が一つでも多くの有益な時短術と出会い、「情報をシェアすると、こんなにいいことがあるんだ！」と実感してほしかったからです。どんな些細なことでも安心して情報共有できる体質は、**職員室の居心地のよさ**にもつながります。研修には、それらを実現させるパワーがあるのです。

ポイント！

・シビアなテーマだからこそゲーム要素を取り入れ、緊張感を中和させよう。
・研修後の時間も活用して、徹底的に情報シェアを行おう。
・研修は、職員室の雰囲気を変えるパワーがあると信じよう。

07

実践例④
職員の関係性を築くPA研修

超大好評！　PA研修

次にご紹介するのは、PA（プロジェクトアドベンチャー）研修です。実はこれ、3年間の中でも参加者の満足度が指折りに高かった研修です。研修後に関連書籍を購入した先生や、「もっと早くこの研修を受けたかったです」と声をかけてくれた先生もいました。また、「来年度の研究は『PA×教科指導』でやりたいね！」なんて言ってくれたベテランの先生もいました。それだけこの研修のインパクトは大きかったようです。ここではPAに関する説明は割愛し、私たちがなぜこの研修を計画するに至ったのかという2つの理由についてお話していきます。

計画の理由

1つ目の理由は、設定した仮説が正しいものなのかを、自分たちが身をもって検証したかったからです。第2章でもご紹介しましたが、本校が生成型で生み出した仮説は、「教師も児童も対話を通して関係性を育むことで、児童の主体性を引き出すことができるだろう」です。この仮説の一部である、「主体性を発揮するためには、周りとのよき関係性が必要であること」を、職員自らが体験を通して明らかにしたいと考えました。

2つ目の理由は、職員間で研究に対するモチベーションの差が生まれ始めていたためです。この研修はグループ研究3年目の夏休みに行ったのですが、前の2年間では話にも上がりませんでした。というのも、2年目から3年目にかけて、本校では半数近くの職員が入れ替わりました。校内研に関して言うと、前年度からいる職員の頭にはどうしても研究発表会がちらつき、「いかにして研究を着地させるか」という思考に偏っていました。一方で、新たに着任した職員は真逆で、「どうやってこの研究を始めればいいのか」が頭の大半を占めていたと思います。職員の半分は研究を〝終わらせること〟を、もう半分は研究を〝始めること〟を志向していた１学期。このずれが原因で、両者の間には見えない隔たりが生まれていたのです。

ここで改めて職員全員を集め、全体研修という名の決起集会を開く選択肢もあったかもしれません。ですが、なんとなく逆効果では…というセンサーが働きました。代わりに、「職員同士がより親密になることが、巡り巡って研究にもよい効果をもたらすだろう。それならみんなでＰＡを体験しよう！」という着想を得たわけです。

甲斐﨑先生との研修

ＰＡの研修をするにあたって講師をお願いしたのは、当時、軽井沢風越学園の副校長をされていた甲斐﨑博史先生です。言わずと知れた、ＰＡのプロフェッショナルです。甲斐﨑先生の温かい笑顔に包まれながら、職員同士が積極的に関わり合い、励まし、認め合う。今振り返ると、ここでの体験がその後の職員の関係性にポジティブな変化をもたらすきっかけとなりました。その空気感をほかの先生方も肌で感じ取ってくれたことが、研修に対する高い満足度につながったのでしょう。

あの時、「全員集合して、研究の方向性を再確認する」なんていうジャイアン級の強引な研修をしていたら…。研修担当は、うまくいかないことがあるとついついグッと職員の心を動かしたくなります。気持ちは痛いほどわかりますが、逆効果です。うまくいかなくても、先が心配でも、「チーム○○小、一丸となって頑張って研究をしていきましょう！」なんていう強火で煽るような研修は極力避けるべきです。熱い情熱は胸に秘めておき、外部講師の力を借りながら **〝変わるその時を待つ〟くらいの心持ちがちょうどいい**と思っています。

ポイント！

- 仮説が正しいものなのか、教員自身が身をもって体験できる研修をしよう。
- 研究の土壌をつくるための研修をしよう。
- 研修担当の情熱は内に秘め、職員の心が動くその瞬間をゆったり待とう。

08

実践例⑤ ゆるふわ自主研修「北カフェ」

研修の革命児「北カフェ」

北カフェとは、「誰が、いつ、どこで、どんな学びの場を開いてもOK」という超ゆるくてふわっとした自主研修です。本校では、放課後に45分間の休憩時間が設けられているため、その時間を活用して不定期で行っています。開催する1週間くらい前になると、職員室の至る所にCanvaでつくったフライヤーが貼られます。

北カフェは、オシャレなミュージックが流れる空間で、好きな飲み物やお菓子を片手に、集まった先生方と談笑しながらその日のテーマについて学びます。過去には、実家で茶葉をつくっている先生が新茶をふるまってくれたことも。もちろん、途中参加&途中退室O

Kなので窮屈感はゼロです。これまでの研修の常識を覆した北カフェ。本校で行っている目的は、主に2つです。

1つ目は、「情報共有」です。この北カフェ、講師役はすべて校内の職員が行っています。「Kahoot!っていう面白いアプリを見つけたから、みんなで体験しよう！」と立候補する先生もいれば、「○○先生秘伝のレクを教えてもらえませんか？」と研修担当が個別でお願いしに行く場合もあります。もちろんアプリやレク等のコンテンツも多くの先生に知ってほしいのですが、**それ以上にシェアしたいのは「職員一人ひとりの特長」**です。「あの先生は、ICTに詳しいんだ」とか「レクで困った時は○○先生に聞けばいいんだ」というように、先生方の知られざる強みを知ってもらうこと、そしてそれを発揮してもらうことが大きな目的です。

2つ目は、「くつろぎながら学べる場の提供」です。先生たちって本当に毎日忙しくて、知りたいことがあってもそれどころじゃないですよね。そんな慌ただしい日々だからこそ、休憩時間も血眼になって仕事をするのではなく、ゆるやかで心地のよい学びの場で、普段

はなかなか話さない職員とともにひと息ついてもらいたいと思っています。

北カフェの時間になると、担当が「始めま～す！」と職員室全体に声をかけ、希望者のみが会場に集まります。完全希望制なので、その日の仕事の進捗具合や興味によって参加を決められます。当然、参加しなかった職員のことを悪く言う人なんていませんし、むしろ内容によっては全職員とシェアすることだってあります。職員の特長を知ること、ゆるやかで心地のよい学びの場を提供することは、学年の枠を超えたコミュニティを形成を促すとともに、教員同士が安心して学び合える関係性を育むことにもつながります。

「北カフェ」バックナンバー

具体的にどんなテーマなら…と悩む方もいると思いますので、最後に北カフェのバックナンバーをご紹介します。これを見ると、「本当に何でもいいんだ」とわかってもらえると思います。

・やってみよう！ Kahoot!
・ChatGPT を実装しよう！

- 2学期スタートアップレク研修
- みんなでジャンボリングゲームをやろう！
- クリスマスリースをつくろう！
- 研究発表会のバイアスを洗い出そう！
- 学校で採れたミントを使ってフレグランススプレーをつくろう！
- Flip で自己紹介動画を投稿しよう！
- 研究発表会で飾るフラワーアレンジメントをつくろう！
テーマは自由、参加も自由、お茶とお菓子持参、癒しのカフェミュージック、やればやるだけ仲良くなる…。研修のイメージを「これでもか！」と覆した革命児「北カフェ」。ぜひ、皆さんの学校でもいかがですか？

ポイント！

- カフェのように、ほっとひと息つけるゆる〜い研修をしよう。
- コンテンツとともに、職員の特長もシェアできる時間にしよう。
- 職員の強みが発揮されるような研修テーマを選ぼう。

09

実践例⑥　情報シェアのエース！研修だより「シェアハピ」

新たな研修の形

本校では、「対話が生まれること」と「情報共有が行われること」をツートップとして研究・研修を計画してきました。ここでご紹介するのは、情報共有の絶対的エース、研修だより「シェアハピ」です。この実践なくして、3年間の研究は語れません。

「シェアハピ」とは、職員一人ひとりがもっているあらゆる情報を研修だよりとして書き起こし、配付するだけという超シンプルかつ再現性の高い取り組みです。これも、北カフェ同様に「誰が、いつ、どんな内容を書いてもOK」という自由度の高さが売りです。

この取り組みは、「研修の新たな形」を模索していたことに端を発します。そもそも研修の主目的を考えると、それは「新しい知見を得ること」にほかなりません。

しかし、これまでの研修を振り返ると、定められた日時に全員が一箇所に集まる「全員集合型」が一般的でした。疑わずに過ごしてきましたが、よくよく考えてみると、目的達成のためにはほかにも様々な手段があることに気づきました。そこで、忙しい中でもサッと情報をゲットできるような取り組みを、と考えて始めたものです。

本校は比較的ペーパーレス化が進んでいるのですが、シェアハピは必ず紙ベースで先生方の机上に配付しています。これには理由があり、スマホの通知機能のように普通に仕事をしているだけで自然と情報が目に入る仕組みにしたかったからです。積極的に読書をしたり、インターネットで調べたりしなくても空き時間に耳よりな情報が入ってくる。先生方の忙しさを前提とした、新たな研修の形です。

シェアハピ戦略

研修担当が、この取り組みを推進する上で大切にした3つの戦略をご紹介します。

①情報を出す時期を工夫すること

もちろん、誰がいつどんな内容を書いてもＯＫなのですが、時期を考慮して出したものは先生方の心を鷲掴みできます。例えば本校では、個人面談前に「個人面談でありがちな失敗例！」というシェアハピが、水泳指導が始まる際には「クロールと平泳ぎの指導術！」というシェアハピが発行されました。職員が欲している情報をドンピシャのタイミングで発信すると、最高に喜んでもらえます。

②いろいろな職員に書いてもらうこと

先の個人面談に関してはミドルリーダー的な先生が、水泳指導に関しては幼い頃から水泳を習っていた先生が書いてくれました。実は学校の先生って、本当に多種多様な情報をもっているんです。それを生かさない手はありません。いろいろな職員に書いてもらい、様々なジャンルの情報がシェアできるように心がけました。

③気軽に取り組めるようにすること

「こんな情報じゃなきゃダメ！」とか「整った文章じゃないとアウト！」といった制約の多い堅苦しい取り組みになってしまうと、浸透する前に先生方の心が離れていってしまいます。実際のシェアハピを見てもらうとわかりますが、文体がかなりファジーですよね。

これ、読んでもらうためにはすごく大切なんです。また、テーマに制約はつけず、「有益だと思う情報は何でもOK」としているのですが、情報共有を活性化させる上ではものすごく大切なポイントです。**ここをゆるゆるにしておくことが、いかなる情報も出し惜しみしないという職員室の文化に直結します。**昨年度、ある先生が「オススメ学区メシ」と題した近所の美味しいラーメン屋さんを紹介するシェアハピを出してくれたのですが、個人的には過去ナンバーワンだったと思います（笑）。

研修だよりNo1.(4/5)葛原

Share Happy シェアハピ！

【お宝をシェアしよう！】
先生方の机には、お宝が入っています！ですが、大抵は机に鍵がかかっていて、その人が使いたいと思った時にしかその宝は姿を見せません。また、人によってその宝の数、大きさが違います。経験の長い先生にはたくさんの宝があるでしょう。経験が少ない先生や若い先生には、小さな宝がほんのちょっとしかないかもしれません。でも、意外とその小さな宝が自分にとってめちゃくちゃ欲しい宝だったりもします。
私は、この宝が、机の中に眠っているのがとてももったいないと思っています。みんなで机の上に広げて
「あ、それいいね！私にも分けて！」と、シェアしたり
「自分のと合わせるともっと良い宝になるかも！」とより良いものを作り出したり
「あれ？私もそれ持ってたけど、宝だと思っていなかった…！」と自分の宝を再発見したり
そんなことができれば良いなと思って作り始めたのが研修だより「シェアハピ」です。なんだかファンタジーな例えになってしまいましたが、要は「お宝」=「先生方の技術や知識」です。
☑ベテランの先生方の素晴らしい教育技術が、同じ学年の先生にしか共有されない…
☑特定の教科に秀でている先生の教育技術が、そのクラスの児童にしか提供されない…
☑最近本で読んだ知識が自分だけで完結してしまう…

これってとてももったいないことだと思いませんか…？研修だより「シェアハピ」を通して共有した技術や知識が、悩んでいる先生の救いになるかもしれないし、その技術や知識を共有することでより良いものができあがるかもしれません。
「良いものは自分だけのものにするよりみんなで共有したほうが豊かになるよね！」という気持ちで今年度も研修だよりを発行していきたいと思います。タイトルには、「先生方のハッピーに繋がる情報を共有したい。」という思いを込めています。

ポイント！

- 時間や場所に縛られない「研修だより」をつくろう。
- ふと目につくように、紙ベースで発行しよう。
- 研修だよりは、タイミング、職員の多様性、気軽さを大切にしよう。

10

実践例⑦ 知の宝庫！「まな本コーナー」

教育書を集めよう！

次にご紹介するのは、「まな本コーナー」という実践です。これは、職員が持っている教育書を職員室の一角に集め、書店の「教育書コーナー」をつくっちゃったという、とってもシンプルな取り組みです。教育書って意外と値が張るものが多いので、ほしいと思っても買うには至らないこと、結構ありませんか？　でも、もしかしたら毎日同じ職場で働いている隣の先生が持っているかもしれませんよね。そんなのシェアしない手はない！

ということで職員の協力を得て始めた取り組みです。

レンタルシステムの流れをご紹介すると、

①持ってきた教育書に「本のタイトル」と「持ち主の名前」が書かれた付箋を貼る。
②まな本コーナーに置く。
③借りたい本があったら、本に貼ってあった付箋を「借りてますボード」に移す。
④読み終わったら、「借りてますボード」の付箋を本に貼り直して、本棚に戻す。

という感じです。「借りたい！」と思った時に持ち主に許可を取ったり、名簿に名前とタイトルを書いたりという手間があると、気軽に本を手に取ってもらえません。なるべくシンプルなシステムを心がけました。これなら、今すぐできそうな気がしませんか？

時代に沿った本の充実

まな本コーナーには、先生方から集めた本のほか、学校の費用で購入した本も積極的に置くようにしています。毎年新しい本を仕入れることで本棚の充実を図っているのですが、時代に沿ったものを積極的に購入しています。

例えば、一昨年度より本自治体ではCanvaが使えるようになりました。アプリ界のスーパースターであるCanvaを自由に使える環境が整っているのだから、「これを広めない手はない！」と考え、昨年度は坂本良晶先生の『Canvaの教科書』（学陽書房、２０２３）をブロック分購入しました。また、生成ＡＩの普及に伴って、これまた坂本先生の『ChatGPTの教科書』（同じく学陽書房、２０２４）をブロック分購入しました。先生方の知的好奇心が刺激されるように、また日々の教育活動が最新バージョンにアップデートされるように、まな本コーナーを充実させています。

発表会当日も…

普段は職員室の中にあるまな本コーナー。２月に行われた研究発表会では職員室を飛び出し、廊下に引っ越しました。「来校された皆さんにもこの取り組みのよさを知ってもらいたい！」という熱い思いをもって準備をした結果、本屋さん顔負けのコーナーが完成しました。北小職員のまな本に対する気持ちが存分に表れたポップの数々です。

ポイント！

・職員が持っている教育書を集めたコーナーをつくろう。
・レンタルのシステムは、なるべくシンプルにしよう。
・最新の情報にアクセスできるように、本の充実を図ろう。

11

実践例⑧短期集中！ SSST

夏だ！ 仕事だ！ SSSTだ！

皆さんが、一番仕事がはかどる場所はどこですか？ 職場、家、中でもリビング、カフェ…。いろんな場所が考えられそうですね。もちろん一人で黙々と仕事をするよさもありますが、図書館の自習室のように人が集まっていて、なおかつシーンとしている空間って結構集中できませんか？ 集中している人の近くに座ると、自分もサクサクっと集中モードに入れた経験、皆さんも一度はあるかと思います。

さて、第3章の最後は、夏季休業中の季節限定企画「サマースタディーシェアリングタイム」、略して「SSST」です。

ＳＳＳＴとは、自分の仕事を持ち寄って、１時間同じ空間で仕事をするだけの超シンプルな取り組みです。好きな飲み物を持って図書室に集まり、カフェミュージックが流れる空間でただ黙々と仕事をする。たったこれだけの取り組みですが、何とも言えない集中空間が生まれ、結構仕事がはかどるんです。

そもそもこの企画は、「夏休みって時間の余裕がありすぎるため、ついつい仕事の生産性が低下しやすいよね」という問題意識から生まれました（児童が登校している期間があまりにも忙しすぎるので仕方ないですが…）。でも、せっかくの夏休みですから、やらねばいけない仕事をサクッと終わらせ、少しでも２学期へ向けて貯金をつくっておきたいところ。そんな願いが発端となって生まれたものですが、今となっては夏休みの恒例企画となっています。

では、もう少し具体的にその実施方法について説明していきます。

①夏休みに入ったら、ＳＳＳＴのフライヤーを至る所に貼る。その際、日付と時間を載せる。だいたい１日１時間を、１週間くらい。

②図書室に希望者が集まる。その際、自分の仕事道具や読みたい本、飲み物を持ち寄る。
③部屋に入ったら、その時間に行う仕事をホワイトボードに記入する。
④ひたすら仕事をする。相談事がある人は、小声で。
⑤最後の10分になったら全員集まり、その日行った仕事の内容や感想、相談したい点をシェアする。
⑥ホワイトボードに振り返りを記入して、バイバイ。

実は、最後の「10分間シェアタイム」がSSSTの醍醐味と言っても過言ではありません。ここで何気なく話した相談事がきっかけで新たなアイデアが思い浮かんだり、面白そうな本に出会ったりすることもしばしば。また、最初に書いた計画を最後に振り返ることで、仕事の進捗状況をメタ化することもできます。計画と振り返りが大切なのは、大人も子どもも一緒ですね。

このように、一人で黙々と仕事をするだけでは気づけなかった情報をゲットできるのも、SSSTの魅力です。次の夏休み、ぜひ実施してみてはいかがでしょうか？

ポイント！

- 自習室のような集中できる空間づくりをしよう！
- お茶やミュージックなどのリラックスアイテムを駆使しよう！
- 仕事の計画と振り返りを行うことができる時間をとろう！

Column

研究に関わった3年間で見た景色

令和4・5年度研究主任　小林千尋

2年目・3年目と研究主任を葛原先生から引き継ぎました。後を引き継いだ研究主任として、一緒に研究に携わらせていただいた3年間について書かせていただこうと思います。

初任校を終えて、初めて異動したのが今の蕨市立北小学校でした。4月当初の全体研修で、「先生方のモチベーションを大切にした研究をしたい！」という熱いプレゼンを葛原先生・花岡先生の2人から聞いて、興奮で心臓がバクバクしたのを今でも覚えています。コロナ禍に『「校内研究・研修」で職員室が変わった！　2年間で学び続ける組織に変わった小金井三小の軌跡』（学事出版）という書籍を読ませていただいて「なんて素敵な校内研修なのだろう、いつかこんな校内研修が学校でできたらなぁ」と考えていたので、チャンスだと思い、研修部に手を挙げました。

研修部に入ったものの、1年目は、正直、何が何だかわかりませんでした。校長室の大きな机に集まってする研究推進部の会議は「意見を求められたらどうしよう…」といつも

研究に関わった３年間で見た景色

ビクビクしていました。「校内研究＝眠い」のイメージで、今まで全く興味をもてなかったので無知すぎたのです。また、私たちのグループはお互いの実践をシェアする時間にあてていたのですが、今思うとコロナ禍で新しい職場の先生方と関係性ができていない中、実践を伝え合うということは私にとってかなりハードルの高いものでした。あまり実践を積み上げることなく、その年の２月のグループ発表を迎えてしまいました。今までの研究のイメージが強かったからこそ「特別なこと」を発表しなければと思っていたのですが、自分が用意できたものは普段の学活で行っていたことくらいでした。

当日、自信をもって「発表できます！」というグループは（私も含めて）そう多くなかった気がします（笑）。でも、その発表がとても面白かったのです。先生方がクラスで行っている活動を知ることができたり、考えを聞くことができたり。自分の普段の実践も興味をもって聞いてもらえて「やってみたい」と言ってもらえることも、とても嬉しい体験でした。初めて「特別なこと」ではなく、普段の実践をシェアすることの価値を強く感じた日でした。

２年目から、まさかの研究主任になり、「さらに関係性をつくれる研究の時間にしたい！」との思いをもってスタートしたのですが、いざ研究を動かす側に回ってみると「こんなにも考えることがたくさんあるのか…！」と衝撃を受けました。1回の全体研修を組むのにも、「この日のゴールは何にしよう」「この研修の中で先生たちに体験してもらえるものは…？」と何度も何度も考え話し合いました。知識不足を感じ、学校外の心強い先生方に相談させてもらうこともたくさんありました。先生方が楽しそうに対話していたり、「やってみよう！」と心が動いていたりしている様子を見ることができた日は、心の中でガッツポーズをしていました。

当然うまくいく日ばかりではなく、落ち込みつつも「今日の研修、どうでしたか？」といろいろな先生に声をかけて、アドバイスをもらっていました。「ここがちょっと…」と話してくださることが本当にありがたかったです。

まだまだ引っ張っていく研究主任にはなれそうにないですが、助けを借りながら、楽しく学べる場をつくっていきたいです。

第4章

新時代の研究発表会アップデート

01

研究発表会のバイアスを解く

紋切り型の研究発表会

皆さんは、これまでに何回「研究発表会」という場に足を運んだことがありますか？心の中でお答えいただいた後に、もう一つ聞きたいことがあります。「いや〜、面白かったわ！」という発表会に、何回出会ったことがありますか？

ちなみに私はというと…ノーコメントです。「なるほど！」と、勉強になった授業には何度も出会ったことがありますが…。

この章で皆さんと一緒に考えたいのは、研究発表会の在り方です。

ここで、他校の発表会へと向かう私の頭の中をご紹介します。

第4章
新時代の研究発表会アップデート

（…まず、受付で名前にマーカーを引く。次に厚めの封筒をもらう。その後、コーヒーを飲んだらトイレに行っておこう。会場教室へ歩いていき、授業を参観。終わったら全体会で偉い人の話を聞いて、最後に反省会。グループ協議を発表する役は嫌だなぁ。そういえば、明日の授業準備終わってない…帰りてぇ…）

毎度毎度このような頭になるわけではありませんが、結構な確率でこのダークモードに突入します。私ほどモチベーションの低い人はそうそういないと思いますが…、何が言いたいかというと、行く前から半日分の未来予想図が完璧に描けてしまう！　ワクワク感が生まれない！　ということです。それだけ、研究発表会には全国共通のテンプレートが存在しているのです。

「いやいや、メインは授業なんだから、会自体のワクワク感なんていらないでしょ」という声が聞こえてきそうですが、本当にそうでしょうか。参観者は時間や労力、交通費といったコストを払ってわざわざ足を運んで来るわけです。また、担任であればかわいいクラスの子に自習を命じて来ているのですから、もう少し会自体にエンタメ性があってもいいのでは、と常々思っています。

ホスト校はどう？

では、参観者を招くホスト校はどんな準備をして当日を迎えるのでしょう。

一例ですが、2週間くらい前から急に特大パネルへ研究成果をまとめたり、研究紀要のために細かい字やグラフとにらめっこしたり、何種類もの配付物を職員全員で封筒に詰めたり…。授業者であれば、何度も指導案を書き直したり、教室の掲示物をビシッと整えたり、場合によっては夜遅くまで模擬授業をしたり…。担当によりけりですが、研究発表会の準備は、盆と正月ならぬ、運動会と音楽会が一緒にやってくるレベルの忙しさです。

これって悲しいと思いませんか？　だって、こんなに莫大な時間をかけて準備をした会なのに、私のような超絶モチベーションの低い奴が紛れていることもあるんです。「いや、モチベーションが低いなら元から来ないでしょ」と思うかもしれませんが、「１校につき、必ず〇人以上参加者を出してください」というお触書が届き、半強制的に参加者を募る自治体もあると聞いています。それだけ参加者集めにあくせくしているのが現実ですから、ゲスト側とホスト側に多少なりともモチベーションの差があることを、まずは認めた方がよさそうです。

研究発表会のバイアスを問い直す

改めて考えてみましょう。そもそも研究発表会って既存のテンプレートでしか開催できないものなのでしょうか？ もっと、準備する側も参観しに来る側も、ワクワクハッピーな気持ちになれるスタイルはないのでしょうか？ そもそも、研究発表会って何のために開くのでしょう？ 本校ではそんなことを本気で考え、「こうあるべき！」という研究発表会バイアスにメスを入れまくりました。

ただ、誤解が生まれないように明言しておくと、これまでの発表会を全否定したいわけではありません。研究授業や反省会、配付物作成などを行う**目的を徹底的に問い直すことで、従来よりもベターな発表会の形を見つけようとした**だけなのです。「これまでの研究発表会」という絵を上から黒く塗りつぶしたかったのではなく、その絵を振り返り、反省を生かし、「New研究発表会」という新たな絵のつくり方を模索した感覚に近いです。

さて、まずは反省点を洗い出すために北カフェ（150ページ参照）において、研究発表会のバイアスについて本音で対話をしました。その結果、次のような意見が出てきました。

・研究授業、全体会、反省会の定番3点セット
・研究「授業」をするべき
・プレプレ授業
・身を粉にした授業準備、時間という概念のない発表準備
・授業者に負担が偏りがち
・受付でもらう封筒パンパンの資料
・指導案は細かければ細かいほどよい
・研究紀要はより詳細につくるべき
・研究成果＝アンケート結果なの？
・協議会でのマウント合戦
・研究概要説明のスライドは情報量が多すぎる
・息をのむほどの厳かな雰囲気

・偉い人による講演会
・神々しい題字と壇上の生け花　など

結構とがった意見が多いですよね。言うのは自由なので聞き流してくださいね（笑）。ただ一つ、この話し合いから、従来の研究発表会には割とネガティブな思いを抱いている人が多いことがわかりました。もしかすると、ずっと前から抱いていたけれど言えなかったのかもしれません。既定路線を変えるって莫大なエネルギーを必要としますし、何かと偉い人のお伺いを立てる必要もありますし…。

本校では、ここで挙げた研究発表会の「こうあるべき」を一度リセットし、あえてゼロベースから再考しました。もちろん変えることの大変さはありましたが、従来の慣例的な取り組みに対して疑問を抱いているにも関わらず、「こういうものだ」と無理矢理納得し、強引に進めることだけはどうしても避けたかったのです。

職員の納得感を大切にしながら、あらゆる目的を問い直し、準備する側も参観する側もワクワクハッピーな気持ちになれる研究発表会を本気で目指しました。

02

まるでフェス！NEW研究発表会

ここからは、今年の2月に本校にて行われた研究発表会の準備過程や当日の様子についてお話していきます。この新たな取り組みが良いか悪いか、正しいか間違っているかを評価する項ではなく、これからの研究発表会の在り方を一緒に考える項となれば嬉しいです。

北フェスタイムの誕生

参加者全員がワクワクハッピーな気持ちになる研究発表会を目指す上で、まず私たちは発表会のもち方そのものを大きく変えようとしました。というのも、これまでの研究授業やその後の反省会を振り返った時、息が詰まるほど堅くてシーンとした、あの空気感を真っ先に思い出したからです。授業中は険しい顔をした参観者が教室の後ろに並び、その後

第4章
新時代の研究発表会アップデート

の反省会では児童の姿ではなく教師の指導に質問が集まる。授業者はうろたえながら反省を述べ、言いたいことの半分も言えずに終わる。グループ協議では隣に座る先生の顔色を窺いながら当たり障りのない意見を述べ、最後に指導者の話を聞いておしまい。

もっとこう、その場にいる全員が本音で教育について語れる時間をつくることはできないだろうか。そして何より、その場にいる全員が笑顔で学べる空間を用意することはできないだろうか。そうこう考えているうちにたどり着いたのは、私たちが3年間、研究・研修で大切にしてきた**「対話でつながる双方向型の場」をそのまま再現すること**でした。これこそが、当日の場をデザインする上での最大のミッションとなったのです。

そこで私たちは、「参加者も巻き込んで研究について語れる場を用意しよう！　何ならみんなで屋台を開いて、教育フェスのような場にしよう」というぶっ飛んだ発想に至ったわけです。各グループがブースをつくり、参加者が好きな場所に行き来しながら共に研究について対話をする場。楽しいＢＧＭが流れる空間で、温かい飲み物を片手に参観者同士の立ち話があちこちで生まれる場。自然と笑みがこぼれる場。フェスのようにその空間にいる全員が楽しく豊かで、なおかつ教育について真剣に語れる場。研究発表会を、そんな場にしようと考えたのです。これが、当日の「北フェスタイム」が生まれた経緯であり、授業反省会の代わりとなったプロジェクトです。各グループの具体的なブースについては、次項でご紹介します。

研修担当で集まって話をしていると、ここでまたひらめきました。

「ん、フェス？　フェスってお祭りだから、各ブースがバラバラなことをやった方が楽しいよね！　発表内容に応じて好きに時間を使って、好きに場をデザインして、好きなことをやったらなんか面白そう！」

こんな感じで生まれたのが、グループごとにベストな発表形式と内容を考える方法です。従来であれば、「反省会は、1時間です。最初に授業者が反省を話して、付箋に意見を書いて、小グループで模造紙にペタペタ貼って、代表者が発表して指導講評を聞いて…」というように会のもち方が学校で統一されていました。もちろん揃えるよさもありますが、この時間の使い方をグループに委ねることで、グループの持ち味が発揮され、より深く研究成果が伝わる場になると考えたのです。

授業という枠を超えた成果発表

研究成果を伝える…。従来は授業で研究成果を伝えることが一般的だったけれど、もしかしたら「授業」にこだわらなくてもいいのでは！　と、またまた思いついたのです。だって、「45分の授業」というのは研究成果を伝えるための一つの手段でしかないですから。

例えば、学級経営グループ。中間発表の際に学級活動（1）の公開授業を行ったのですが、「授業という枠組みでは、グループとしての研究成果を見せられなかった」という反省が挙がりました。にも関わらず、「成果は授業で見せるのが常識だから」と押しつけ、無理矢理45分授業という檻に閉じ込めるなんてできません。事実、学級経営グループは発表会当日に「学級経営展示ブース」を設けることで成果を発表し、職員と参観者が掲示物を見ながら笑顔で対話をする様子が何度も見られました。もちろん、研究の成果を見せる上で授業をすることが最適解な場合もありますから、それ自体を否定するつもりはありません。ただ、目的思考に立ち返った際、内容に応じてフレキシブルな発表方法が用意されていると、発表会に対して主体的に向き合えることがわかりました。

結婚式オマージュ

庄子先生との研修以来、私たちの頭の中では常に「幸せな校内研究って何？」という問いがぐるぐる回っていました。ずーっと考えているうちに、いつしか発表会の場についても考えるようになりました。

「幸せな研究発表会って何？」

まずは、これまで生きていて幸せだと感じた場を思い返してみました。

華やかなウエルカムボードに出迎えられ、受付で席次表をもらい、ＢＧＭが流れる空間で友人の幸せそうな写真を眺める。ウエルカムドリンクでひと息ついた後には、二人へメッセージを書く。披露宴が始まるとオープニングムービーで一気に会場の空気が温まり、同じ丸テーブルに座る知人と談笑しながら、美味しい食事に舌鼓を打つ。新郎新婦のテーブルにはオシャレなフラワーアレンジメントが所狭しと並べられていて、旧友から語られるマル秘エピソードに、ふと耳を傾ける。たくさんの引き出物と胸いっぱいの幸せを抱えて、帰路につく。

そう、私たちが行きついたのはまさかの結婚式でした（笑）。もちろん人生の門出に立ち会っている喜びが幸せの正体ですが、結婚式場には来場者にその空間を心から楽しんでもらうための仕掛けが山ほどあるのです。

「どうしたら楽しんでもらえるのだろう」「どうしたら主体的に参加してもらえるのだろう」……。結婚式をオマージュしながらそうこう考えているうちに、**幸せな研究発表会とは、帰る時に「来てよかった」と思ってもらえる場**だと気がつきました。

「来てよかった」の理由は様々ですが、とにかく参観者目線に立ち、その場にいること自体が楽しく、おもしろい！　と感じられる工夫をあちこちに散りばめることにしました。そして、職員の個性を思う存分発揮してもらい、主体的に準備を進めた結果、公立校としてはまぁぁまぁぁぶっ飛んだ研究発表会の会場が完成しました。その様子を一部ご紹介します。

①ウエルカムボード

絵が上手な職員にお願いし、受付に置くウエルカムボードを描いてもらいました。無理を承知でお願いしたところ、なんと快諾！

②受付の配布物

研究発表会というと、受付でもらう分厚い封筒がテンプレ。本校では、研究紀要をCanvaでサイト化し、閲覧用QRコードを埋め込んだ3つ折りのパンフレットを配布しました。

③ＢＧＭ

研修中の空気づくりで不可欠だったＢＧＭをバージョンアップ。ディズニーランドのように、場所ごとに雰囲気の違う音楽を流し、ワクワク感を演出しました。自宅に作曲部屋がある音楽専科の先生が考えた案です。

④会場までのロード

校内研究の固定概念を、一度リセットしてほしい。そんな思いから、当日は会場となる体育館へ向かう道中に「研究バイアス」が書かれたボードを設置しました。めちゃめちゃとがった貼り紙が盛りだくさん。

⑤参加者とともにつくる掲示物

体育館に入る直前で、参加者には「どんな校内研究が幸せですか?」という問いへの答えを紙に書いてもらいました。その紙はすべて壁に貼り、参加者とともに最後の掲示物を仕上げました。この取り組みには、半日この問いをもち続けながら参加してほしいという意図がありました。

⑥オープニングムービー

授業前のシーンとしたあの空気は、百害あって一利なしです。そこで、授業に向かう前

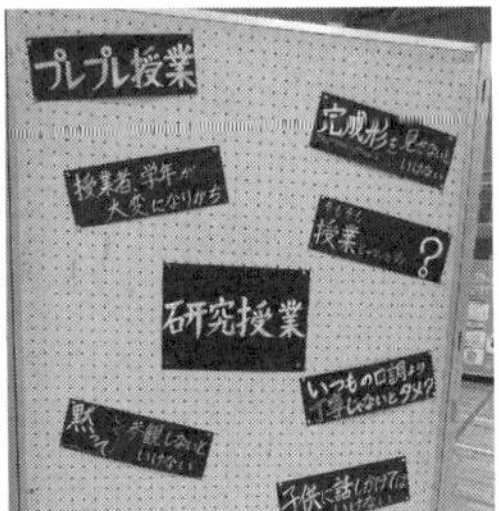

の心のウォーミングアップとして、参加者の皆さんには体育館にてオープニングムービーをご覧いただきました。少しでも心が開放的になれば、と思って行った取り組みです。

⑦講演会の場づくり

この日の最後、本校の研究を伴走してくださった庄子先生に対話型講演会をしていただきました。席を離れてどんどん場所をミックスし、様々な方と対話をする、これまで見たことのない講演会でした。参加者の皆さんが笑顔で対話していたのが本当に印象的でした。

⑧フラワーアレンジメント

研究発表会に参加すると、ステージ上に仰々しい生花が飾られているのをよく見ます。もちろん立派なものをドドンと一つ設置するのもよいですが、「オシャレな花は、至るところにあった方が心が明るくハッピーになる！」という意見から、生け花を得意とする先生に講師をお願いしてフラワーアレンジメントをつくりました。発表会2日前に北カフェ（150ページ）を開催し、有志を募ってみんなでワイワイつくりました。

⑨研究概要説明

全体会において、主任が研究の概要説明をする光景をよく見ます。ですが、そのほとんどは紀要に書かれている内容と重複します。そこで本校では、研究担当が紀要には記載されていない3年間の裏話や本音を語りました。ここだけの話には、みんな耳を傾けてくれるのではと考えてのことです。

繰り返しになりますが、とにかく参加者の皆さんに、「忙しい中だったけど、発表会に足を運んでよかった！」と思ってもらえるよう、ありとあらゆる角度から工夫を凝らしました。ベースにあったのは、**私たちが3年間続けてきた研修・研究スタイル**です。そして、この場づくりを実現させる上で最も大切だったのは、**職員の特長を生かすこと**でした。職員一人ひとりの強みを最大限に引き出し、個性を重視した適材適所な分担を行ったことが発表会へ向けたモチベーションの向上につながったと思います。

03

対話型交流会「北フェスタイム」

対話と体験で埋め尽くされる実践交流会

ここでは、研究発表会のメインイベントであった北フェスタイムの中身についてご紹介していきます。北フェスタイムは、公開授業の後に体育館と1Fフロアを使い、各グループが出店形式で実践発表をした時間です。参観者が好きな時に好きなブースへ行き、主体的に参加できるようにデザインしました。

ここでは、全5グループのブースデザインを一挙にご紹介します。新たな成果発表の形としてお読みいただけると幸いです。

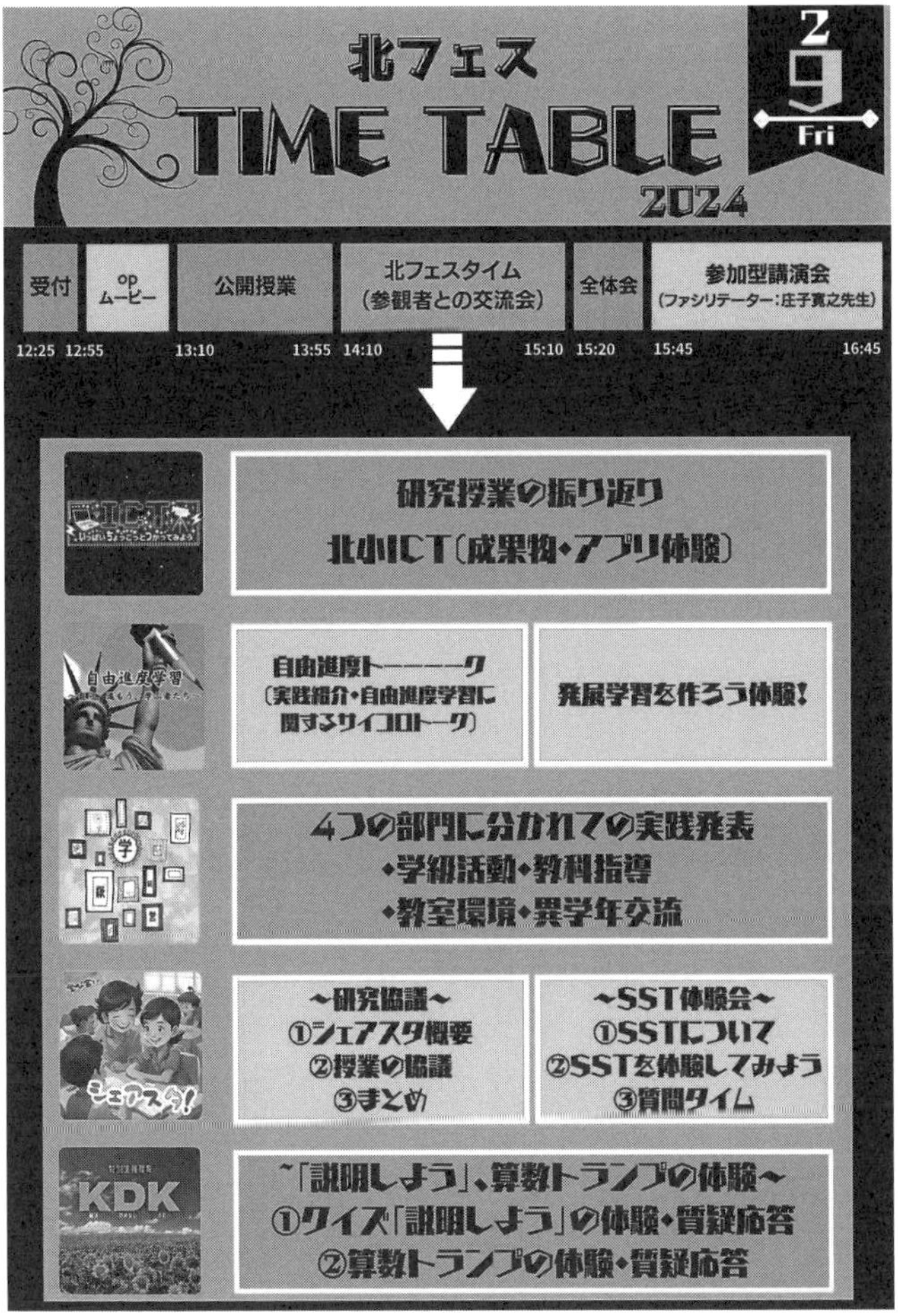
北フェス
TIME TABLE
2024
2
9
Fri
受付
op
ムービー
公開授業
北フェスタイム
（参観者との交流会）
全体会
参加型講演会
（ファシリテーター：庄子寛之先生）
12:25
12:55
13:10
13:55
14:10
15:10
15:20
15:45
16:45
研究授業の振り返り
北小ICT〔成果物・アプリ体験〕
自由進度学習
自由進度トーーーク
〔実践紹介・自由進度学習に関するサイコロトーク〕
発展学習を作ろう体験！
４つの部門に分かれての実践発表
・学級活動・教科指導
・教室環境・異学年交流
〜研究協議〜
①シェアスタ概要
②授業の協議
③まとめ
〜SST体験会〜
①SSTについて
②SSTを体験してみよう
③質問タイム
シェアスタ！
KDK
〜「説明しよう」、算数トランプの体験〜
①クイズ「説明しよう」の体験・質疑応答
②算数トランプの体験・質疑応答

①即体験型　特別支援教育ブース

特別支援教育（ＫＤＫ）グループは、直前の公開授業で行った実践を追体験するブースを開きました。授業を観て、「これおもしろそう！　やってみたい！」という感想を抱くこと、皆さんも一度はあると思います。ですが、直後にそれを体験できるって斬新じゃないですか？　その実践が効果的なのか、自分のクラスでも取り入れられそうなのか。机上で議論を交わすだけではなく、子どもの気持ちになり、実際に手を動かして初めて腹落ちすることもあります。体験している皆さんの笑顔がとっても印象的なブースでした。

②まるで家電量販店　ＩＣＴブース

Canvaでつくった豊富なポップと、大量のパソコン＆大型テレビ。ＩＣＴグループは家電量販店かと錯覚するような体験型ブースをデザインしました。直前の公開授業で扱ったCanva、スクールタクト、Flipだけでなく、Kahoot!やGoogleアプリ等の体験コーナーを設け、

興味をもった方が来たらすぐに話しかけて体験を促す。私たち校内研担当が大切にしていた個別最適かつ対話的な場をまさに具現化していました。やって楽しい、見て楽しい、その場にいるだけで楽しい。とにかくワクワクが止まらない場でした！

③対話でつながる　自由進度学習ブース

自由進度学習グループでは、前半は研究概要のプレゼン&自由進度サイコロトーク、後半は発展課題を一緒につくるコーナーを用意しました。また、ブースの横にはこれまでつくってきた学習カードや発展課題の一覧、さらには参考書籍を並べたコーナーもありました。自由進度学習をやったことがある人、興味はあるけれどやったことがない人、基礎的なことからじっくり知りたい人…。どんな方が来ても満足していただけるブースを目指し、とにかく対話から話題が生まれ、学びが深まる場づくりを意識しました。

④子どもの姿を語る　シェアスタグループ

シェアスタとは、「シェア&スタディ」の略であり、児童同士の学び合いにスポットを当てた研究グループです。これまでも授業後の振り返りでは、とにかく児童の対話や行動に注目してきたため、当日も授業での児童の声を基にした協議会が開催されました。教師ではなく児童を主語として研究を進めることにこだわってきた、シェアスタらしいスタイルです。後半は、年間を通して行ってきたSSTの体験コーナーを設け、双方向型かつ体験型の参観者を巻き込んだブースデザインとなっていました。

⑤引き出し大放出　学級経営グループ

学級経営グループは、各クラスで行ってきた実践を一気に大放出した展示ブースを用意しました。また、グループメンバーだけでなく、北小全学級の経営ノウハウを掲示し、若手からベテランまで、どのような方が来ても一つはお土産を持ち帰ってもらえるような場

となっていました。さらに、来られた方々から学級経営のノウハウを募るコーナーも用意されており、本校の研修で大切にしてきたインプット＋アウトプットの双方向性が体現された場となっていました。

体験知を場づくりに活かす

全5グループの個性豊かなブースデザインがおわかりいただけたと思います。当日の準備をしながら何よりも嬉しかったのは、これまで研究・研修で大切にしてきたキーワードが、どのグループブースにもこれでもかというほど反映されていたことです。

前章でもお話しした通り、本校では主体的に校内研へ臨んでもらうことにかなりこだわってきました。双方向性、情報共有、対話、空気づくり、個別最適、協働的、体験型がそのキーワードです。このような研修・研究を続けてきたことで、それらの言葉が先生方の頭にもストックされ、場のデザインを考える際の指針となっていたのだと思います。

当日は、イメージしていた通り、参加者の皆さんが飲み物を片手に興味のあるブースへ行き、北小の職員と対話している様子が至る所で見られました。また、参加者同士が立ちながら研究について対話している場面を何度も見ました。まだまだ課題は残る発展途上の発表会ではありましたが、私たちが目指していた「その場にいる全員が本音で教育について語れる時間づくり」「その場にいる全員が笑顔で学べる空間づくり」に一歩近づくことができたように感じます。

私自身も、この発表に携わる前までは「研究成果は、授業と掲示物でしか伝える術はない」と考えている一人でした。しかし、各グループが発表会に向けて「どうしたら最も研究成果が伝わるのか？」というミッションに本気で挑んでいる姿を見て、手段の目的化に陥っていたことを反省しました。莫大な時間をかけてつくり上げた研究授業や、特大パネルに貼られた掲示物は、研究成果を伝えるための手段の一つにすぎなかったのです。

今、発表会を振り返ると、**ホスト側として研究発表会をどのような場にしたいのか、参加者にどのようなことを持ち帰ってほしいのかという問い**がとても大切でした。きっと、この問いが明確になったことで、おのずとそれに対する答えが見えてきたのだと思います。

「発表会はこうあるべきだ」「反省会はこうあるべきだ」というあるべき論にとらわれるのではなく、せっかくならばホスト側の願いが詰まった場の在り方を考えてみませんか？

第4章
新時代の研究発表会アップデート

04

新しい研究発表会の形を経験して

令和4・5年度研究主任　小林千尋

「うわぁぁぁぁぁ――――、楽しかったぁぁぁぁぁ!!!!」

出だしから失礼いたしました。葛原先生から研究主任を引き継いだ小林千尋です。研究発表が終わった直後の私の心の中の声です（いや、もう溢れ出ていたかもしれません）。私からはこの研究発表についてきたメンバーの一人としての心の揺れや、研究発表が終わった今、感じていることの一部を、素直にお伝えしようと思います。

わくわくと不安の準備の日々

各グループで日々の研究を進め、中間発表も経て、ブースの見通しが立ち始めた11月。果たして参加者が集まるかな？　とドキドキしながら参加申し込みの受け入れを始めました。嬉しい想定外で、最終的な申し込みはなんと北海道から九州まで約250名。

「これだけ人が来るのだからよいものを見せなければいけない！」

「何を期待して遠くまで来てくれるんだ？」

と思ってしまった時期でもありました。しかし、校長先生をはじめ先生方と話していく中で、「北小にとって一番いい研究発表、本音が話せる研究発表にしよう」と正気を取り戻すことができました（ありがとうございました）。

とはいえ、「研究発表」と銘打ちながら普段の授業をお見せするのは、とても勇気がいります。だからこそ、当日の授業や指導案の検討よりも、**プロセスが伝えられる場づくり**のほうに力を入れていました。

その結果、つくってくださった先生方のナイスアイデアが溢れかえり、最高の攻めた会場デザインが出来上がっていきました。「面白いって最強！　どんどん行っちゃえ！」と不安な気持ちも吹っ飛ばしてもらいました（笑）。そして、校長先生の「いいね〜素敵！」という言葉が後押しとなり、「あれは？　これは？」と文化祭のように「面白い」が連鎖し、どんどん実現していきました。

前日には、それぞれの会場・ブースが出来上がり、もう興奮が止まりませんでした。体育館から職員室に向かう道の至る所にいろいろな先生方の得意なことや、思いが生かされたものがあって、「なんて素敵なんだぁ…」と見入ってしまって全然進めませんでした。先生方と「すごいなぁ…面白いね！」と言いながら掲示物を見るのもとても幸せでした。体育館で行った最終確認の後、校長先生から「明日は楽しみましょうね！」と言葉をいただいて、いよいよ明日だ、とワクワクする思いとともに「あぁ終わってしまう…！」と少し寂しい気持ちを抱いていました。

2月9日　研究発表当日

当日はとにかくバタバタ神出鬼没に飛び回っていました。今思い出してもジェットコースターのような1日だったのですが、様々な場所で先生方の輝いている姿を見たり、庄子さんの講演のもと、本当にたくさんの先生方と対話させていただいたりして、楽しくて嬉しくて。と、その結果最初の「研究発表ハイ」の状態になりました（笑）。研究発表後にこんなに「楽しかった！」と言えることはなかなかないのではないかと思います。

研究発表が終わって…

研究発表が終わって、余韻に浸っていた頃、尊敬する先生から、「お疲れ様！　すごかったよ！」という言葉とともに、

「研究主任はみんなを巻き込む重要なポジションでもある反面、みんなを巻き込んでしまうという大きな罪を背負うポジションでもあるからこそ、その罪に自覚的になれるのかどうか、人間の器が問われるなと感じたよ」

とメッセージをもらったのです。もちろん、そんな自覚は恥ずかしながら、私には全くありませんでした。

みんなを巻き込んでしまう罪…。「よりよい研究にしたい！　楽しくしたい！」と頑張ってきたつもりでしたが、思い返してみると一生懸命走っていたからこそ見落としていたことや、聞くことができなかった気持ちもたくさんあったと思います。無理をさせてしまったこともたくさんあったと思います。また、経験豊富な先生方が「お疲れ様、頑張れ！」と励ましてくれながら、一緒に様々なことに挑戦してくださったのですが、私の心

に余裕があって、アドバイスを聞けていたら、もっともっとよい場になっていたに違いありません。「あぁ、先生方を巻き込めていたのではなく、先生方に支えてもらって、大きな器で温かく受け止めてもらっていたんだ、巻き込まれてくれていたんだ」と、今更ですが気がつくことができました。

さらに、楽しんでつくってきたとはいえ、今回の研究のすべてが持続可能ではないしなぁ。「持続可能な研究とは？　みんなにとって幸せな校内研究とは？」と、ぐるぐる考え出してしまって今も止まっていません。それもこれもすべて、今回新しい形に挑戦させていただいたからこそです。

全員が「最高」は、ありえないからこそ、「よりよい形」を目指して対話していく。相手の気持ちも大切にしながら、進んでいけるようになりたいです。とはいえ、対話するのも、相手の気持ちを考えるのも、時間がかかるし、心が痛む時も多いので、「うわぁもういやだっ」と逃げたくなってしまうこともあるのですが、この貴重な3年間を経験させてもらった一人として、これからも「子どもたちにとっても、私たちにとっても幸せな校内研究とは？」と考え続けていこうと思います。

最後に、この研究を誰よりも面白がってくださった校長先生、この研修を興して引き継いでくださった葛原先生、３年間ずっと力強く支えて引っ張ってくださった花岡先生、北小学校の一員のように温かく伴走してくださった庄子先生、一緒に研究をしてくださった先生方、支えてくださったたくさんの方々には感謝の気持ちでいっぱいです。

悩んで迷って苦しみながらも、一緒に楽しんで進んでくることができたこの３年間はとっても幸せな校内研究でした！　本当に本当にありがとうございました。

おわりに

「グループを組んで、自分のやりたい研究ができたら面白くない？　研究の仕方を研究する学校があってもいいよね」

3年前。ある研究発表会から帰る車内で、葛原先生とこんな会話をしました。これまで感じたことのない期待感が生まれた瞬間を、今でも鮮明に覚えています。ですが、その時の正直な気持ちの内訳は、「面白そう、やってみたい！」が20％、「でも、そんなことできるわけがない」が80％でした。というのも、校内研究は「子どものためにするものであり、教師が主語になるなんてご法度」という風潮が根強い仕事だからです。

数週間後。葛原先生と私は、無理を承知で校長室を訪ねました。

「やらされ感のない、職員のモチベーションを大切にした研究がしたいです」

「一人ひとりの興味や関心を出発点とした、グループ研究がしたいです」

ありがたいことに、松原校長は私たちの思いをバックアップしてくれ、葛原先生は研究主任、私は副主任となり、翌年度より新たな校内研究がスタートしました。

おわりに

1年目。思い描いていたグループ研究が始まりましたが、当初はネガティブな声の方が多く聞こえました。

「研究の積み重ねはどうするの？　1年単位で研究が変わるってどういうこと？」

「職員がやりたいこと？　それって児童のためになるの？」

「正直、何をやればいいのかわかりません」

この時期は、とてももどかしかったです。なぜなら、それらの不安を払えるほどの答えを私たちももち合わせていなかったからです。何もかも手探り状態。生み出す苦しみを、これでもかというほど味わいました。

そんな中でも、私たちが希望の光のように大切にしていたのは、学年を超えて様々な職員と対話をすること。そして、年次の壁を乗り越えて積極的に情報共有をすることでした。

2年目。研究主任が小林先生へとバトンタッチされました。グループ研究2年目に突入したところで、一度立ち止まって考えたいことがありました。

「そもそも、なぜ校内研究をするのか？」

モチベーションベースの研究スタイルを用意したところで、校内研に対する大元の思いに蓋をしたままでは、結局は「やらされている研究」になってしまうと考えたからです。

校内研究に対して、どう思っているのか。

どんな校内研究なら、忙しい中でもやってもいいと思えるのか。

庄子先生によるファシリテートのもと、きれいごとなしの本音で徹底的に考え合いました。わずか2時間の研修でしたが、この3年間で最大のターニングポイントとなり、本校の校内研に対する価値観が大きく変わる時間になりました。


そして、3年目。葛原先生をはじめ、長年北小を支えてきたミドルリーダー層の先生がごっそり異動しました。職員室を見渡しても、実に半数近くの職員が入れ替わり、雰囲気も一変しました。年度当初に研究説明を行いましたが、手ごたえはいまひとつ。北小の研究スタイルは、外部から見たら異質であることを再認識しました。

「また、ふりだしか。」

今だから言えますが、この時期は校内研究という校務分掌から距離を置きたいと感じていました。ようやく形が見え、エンジンがかかってきたところでまたふりだしに戻ってしまうのか。主任の小林先生と、夜な夜な電話をしたこともありました。

うまくいかず心が痛くなることもありましたが、だからこそ、この3年間で私たちが大切にしてきたことを、今一度徹底することにしました。

どんな情報でも、積極的にシェアする空気をつくること。

対話を通して、職員一人ひとりの本音に耳を傾けること。

この2つを無我夢中で繰り返している中で、全職員を巻き込んで校内研を進めていくための最も大切なコツに出会うことになります。


「職員一人ひとりの特長を知り、生かすこと」

日々の情報共有や対話を充実させていると、ふとした瞬間に職員の特長を知ることがありました。一見、研究とは関係ないものであっても、北小の宝として全員でシェアし、認め、生かす。このサイクルが自然と回り出した時、職員室の雰囲気が一変しました。そして、校内研に心を向けてくれる職員が、一人、また一人と増えていったのです。


研究スタイルに疑問を抱いていたベテランの先生が、発表会に訪れた参加者の方々に笑顔でマイクを向け、楽しげにインタビューをする姿。

学校一のベテラン先生が、時にはCanvaでスライドをつくり、時には北カフェの講師としてフラワーアレンジメントのつくり方を伝授している姿。

　グループ研究に対して最も訝しい顔をしていた先生が、発表会当日に生き生きと司会進行をしている姿。

　これらは、決して一朝一夕で実現したものではありません。日々の対話と情報共有を充実させ、職員一人ひとりの特長を見つけ、生かしてきたことでようやく生まれた姿です。発表会後、「どうやって職員のモチベーションの壁を乗り越えてきたのですか？」という質問を多く受けましたが、これが私たちの答えです。


　さて、本校では公立校としては珍しい「教員の幸せに重きを置いた研究」をしてきましたが、言うまでもなく教育活動の最終的な受益者は、子どもたちです。校内研究もまた、ターゲットは子どもであるべきです。しかし、その追求が度を超えると、夜遅くまで模擬授業をしたり、一過性の成果を出すための取り組みに奔走したりといった「研究のための研究」に陥ります。多忙を極める現場に追い打ちをかける存在ですから、校内研究はしばしば嫌悪の対象となり、「子どものために」はいつしか自分の首を絞める鎖に変わります。

　もちろん子どものために教師が汗をかくことは立派ですが、子どもたちにとって最大の

おわりに

幸せは、家族の次に身近な大人である私たち教師が日々の生活を楽しみ、笑顔で過ごすことにほかなりません。この真実をモットーに掲げ、校内研究が教師の笑顔を奪う時間ではなく、やればやるほど笑顔と活力が生まれる時間になるよう、本気で考え抜いた軌跡がこの本です。主体的に研究へ取り組む教師の姿勢は、必ず子どもたちに還元されます。私たち自身が学ぶことに喜びを感じ、成長を実感できる校内研究が全国へ広がっていくことは、巡り巡って子どもたちの笑顔にきっとつながります。校内研には、その力があるのです。

最後になりましたが、いつでも私たちの考えを「面白いね！」と笑顔で後押ししてくださった松原好子前校長先生、研究の在り方を見直すきっかけであり、最後まで私たちと伴走してくださった庄子寛之先生、そしてこの3年間、北小の研究に携わってくださったすべての方々に心より御礼を申し上げます。

この本を読んだ皆さんの校内研の時間で、一つでも多くの笑顔が生まれますように。

2024年5月

花岡　隼佑

■参考文献一覧

・樺沢紫苑『学びを結果に変えるアウトプット大全』(サンクチュアリ出版、2018)
・田中博史・河内麻衣子『学校が変われば、授業が変わる！ 新しい研究授業の進め方』(東洋館出版社、2022)

【研究を進める上で参考にした書籍】

・岩瀬直樹・村上聡恵『「校内研究・研修」で職員室が変わった！ 2年間で学び続ける組織に変わった小金井三小の軌跡』(学事出版、2020)
・石川晋・大野睦仁『笑顔と対話があふれる校内研修』(学事出版、2013)
・松村英治『研究主任 仕事スキル大全』(明治図書出版、2021)
・渡辺貴裕・藤原由香里『なってみる学び 演劇的手法で変わる授業と学校』(時事通信社、2020)
・吉田新一郎・岩瀬直樹『シンプルな方法で学校は変わる』(みくに出版、2019)
・庄子寛之・蓑手章吾・館野峻『before & after でわかる！ 研究主任の仕事アップデート』(明治図書出版、2020)

・ネットワーク編集委員会『授業づくりネットワークNo.34「授業研究」を真ん中において職場をつくる！』（学事出版、２０２０）
・中原淳・長岡健『ダイアローグ 対話する組織』（ダイヤモンド社、２００９）
・工藤勇一『学校の「当たり前」をやめた。』（時事通信社、２０１８）
・中村和彦『マンガでやさしくわかる組織開発』（日本能率協会マネジメントセンター、２０１９）
・坂本良晶『さる先生の「全部やろうはバカやろう」』（学陽書房、２０１９）
・坂本良晶『授業・校務が超速に！ さる先生のＣａｎｖａの教科書』（学陽書房、２０２３）
・坂本良晶『教師の仕事がＡＩで変わる！ さる先生のＣｈａｔＧＰＴの教科書』（学陽書房、２０２４）
・甲斐﨑博史『クラス全員がひとつになる学級ゲーム＆アクティビティ１００』（ナツメ社、２０１３）

【著者紹介】

葛原　順也（くずはら　じゅんや）

元蕨市立北小学校教諭。
2021年度より蕨市立北小学校にて「先生も子どもも幸せになる校内研究」を目標に、研究主任を担当。従来の校内研究の形に疑問を投げかけ、本来の目的に立ち返る在り方を追究。2023年度より現職。教育コミュニティ「EDUBASE」のクルー。

花岡　隼佑（はなおか　しゅんすけ）

埼玉県公立小学校教諭。1989年、長野県生まれ。埼玉大学大学院教育学研究科を卒業。現在は蕨市立北小学校に勤務。校内では、研究担当として新たな校内研究の形を推進するとともに、学力向上推進担当としてICTや生成AIの普及に努める。教育コミュニティ「EDUBASE」のクルー。

ごく普通の公立小学校が、
校内研究の常識を変えてみた

2024年8月初版第1刷刊 ©著　者　葛　原　順　也
2025年5月初版第4刷刊　　　　　花　岡　隼　佑
発行者　藤　原　光　政
発行所　明治図書出版株式会社
http://www.meijitosho.co.jp
（企画）新井皓士（校正）阿部令佳
〒114-0023　東京都北区滝野川7-46-1
振替00160-5-151318　電話03(5907)6701
ご注文窓口　電話03(5907)6668

＊検印省略　　組版所　日本ハイコム株式会社

Printed in Japan　ISBN978-4-18-248826-9